ᚼᛂᚱᚼᛂᚠᚱᚢᛔᛔᚴᚡᛅᚧᛁᚠᚱᛆᚼᛂᛚᚡᛆᚼᚢᚽᛂᛐᛁᚽᚡᛋᛒᛆᛗᚭᚴᚦᛂᛁᚱᛆ

ᚼᚯᚧᛒᚱᚭᛑᛑᛋᛆᚱᚡᛆᚱᛆᛚᛑᛆᚦᛆᛐᛂᚱᛆᚱᛆᚱᚡᚢᛚᛚᚢᚼᚽᛁᚡᚢᚼᛂᛁᛚᚯ

ᚵᚡᚯᛐᛁᛗᚠᚼᛁᛘᛁᚽᚠᛁᚯᛚᛚᚢᛘᚦᛆᚼᛆᚠᚧᛁᚼᛂᛚᚡᛆᛁᚽᚽᚼᚢᚵᚢᛘᛋᛆᚭ

ᚱᛆᛒᚭᚱᚵᚼᛁᛚᛑᚱᛒᚭᚱᛁᛐᛁᛒᚱᛆᛚᚢᚽᛐᛂᛁᚽᚭᛐᛐᚡᛆᚱᚧᛁᛒᛅᚽᚭᚱᚽᛁᚱᚴ

ᚭᛘᚢᚦᛅᚱᛂᚱᚯᚧᛚᛁᚽᚵᛁᛆᛗᛂᚱᚭᚠᛋᚴᚭᛔᚢᚦᛆᚽᚽᛒᛆᚧᚢᚠᛦᛚᚴᛁᚠ

ᚱᛅᚵᛋᛐᛆᚽᚡᛂᚱᚧᛆᚭᚴᛒᚢᚧᛚᚢᚽᚵᛆᛒᛂᛨᛐᛆᚽᚦᛦᚴᚴᛁᛆᛋᚽᛂᚱᚢᚦᛅ

ᚱᛆᚠᛆᚠᛚᛁᚯᚱᛚᚯᚵᚦᛆᛐᛐᚢᚦᛆᛂᚱᛒᚭᚱᚵᛁᚱᛒᚱᛆᚢᛐᛁᛒᚱᛆᛚᚢᚽᛁᚦᛅ

ᚱᚭᚠᚵᚱᛂᛁᛑᛑᚢᚵᚢᛚᛚᛁᚽᛋᛁᛘᚢᚭᚴᚢᚽᛑᛘᛆᛗᛋᛆᛚᛘᛁᛔᛁᛆᚽᚠᛂᛋᛐ

ᚢᚦᛅᚱᛆᚢᛋᛐᚱᚭᚴᚡᛂᛋᛐᚱᛂᚽᛑᛆᚠᛆᛚᚢᚦᛆᚱᛆᛐᛐᛁᛚᚭᚠᛔᚢᚽᚵᚱᛚᛆ

ᚽᛂᛆᛘᛁᛚᛚᛁᛒᚱᛆᚽᛁᚠᛐᚽᛂᚱᛆᛆᚽᚭᚱᛔᚱᚡᛂᚵᛆᛂᛁᚽᚽᛁᚠᛂᛋᛐᛁᛂᛦᛒᛁᚦᚼ

ᚭᚽᚼᛆᛚᛑᛆᛂᛁᛐᛐᚡᛆᚱᛆᛐᛆᚽᚵᚱᛁᛦᛚᚠᛁᚽᚵᛆᚽᛁᛔᚭᚴᚦᛂᛁᚱᛁᛘᛂᛦᛁᚢᛂᚱ

ᛘᚢᚽᚢᛔᚠᛅᛑᛑᛁᚼᚱᛆᚠᚽᚴᚡᛆᛔᛆᛐᚼᚱᛆᚠᚽᛁᛋᛆᛐᛆᚼᛆᛘᛘᛂᛁᚦᛁᛆᛑ

ᚡᛆᚽᚱᛆᛐᚢᛂᚴᚡᛂᛁᛐᚽᚯᚴᚴᚢᛐᛋᛐᛂᚽᛑᚱᛁᛒᚱᛦᚽᛁᚢᛒᚢᚱᚱᛋᛁᚵᛘᚢ

ᚽᛑᚱᛐᛅᚵᚱᛋᛂᛁᚽᛋᚵᛆᛘᛆᛚᛚᚽᚢᛂᚱᛑᚵᚱᚴᚭᛘᛁᚽᚽᚼᚡᛂᛋᛋᛁᚱᛆᚢ

ᚠᚢᛋ•ᛘᚼᛁᛖᛚᛁᚽᚠᛚᚱᛋᛚ•ᚱᚡᛚᚱᚠᛚᚡᛁᚽᚱᚡᛁᛚᛋᚠᚢᚴᚢᛘᛚ•ᛁᛚᛁᚱ

ᛚᚱᛂᛚᛚᚦᛂᛚᛚᛁ ᛋᛚᛚ•ᚮᚠᚴᛁᚽᚠᚱᚡ•ᚱᛁᚠᚡᛚᚦᚢᛘ•ᚧᚠᚢᛘᚽᚢᛘᚠᛂ

ᚧᛚᚱᚠᛂᛘᛁᚽᛋᛚᚴᚢᚱᚠ•ᚠᛁᚠᚡᛁᛋᛁᛂᚱᚡᛁᚠᚦᚱᛁᛘᚢᚢᚽᚠᚢᛘᚠᚾ

ᚱᛚᛁᛚᚱᚴᛚᚢᚠᚠᚱᛚᛘᛁᚠᛚᚠᚼᛚᚽᚼ•ᚴᚠᛚᚽᚠᚽᛂᚠᚼᚱᛁᚽᚠᛋᛚᛚᚦᛁᛋ

ᛂᚴᚠᛁᚮᚴᚴᛋᚾᚠᛁᚮᚴᚴᛂᚠᛋᛁᚠᛚᚱᛋᚡᚮᚴᚴᚢᚼᚱᛁᚽᚠᛋᛚᚮᚧᚼᛁᛚᚢ

ᚽᛂᚠᚼᛁᛘᛁᚽᚡᛚᚽᚠᛚᛒᚴᛂᚧᛂᚱᛘᛒᚢᛁᚽᚽᛒᚱᚾᚧᚱᛋᛁᚽᚠᛁᚮᛚᚴᛚᚦᛚᛘ

ᛘᛚᛚᚡᛚᛡᛚᚠ ᛦᚱᚡᛁᛘᛒᚱᛁᛂᛋᛚᛁᛚᚴᛘᚱᛁᛚᚱᛒᛂᚱᛁᚽᚽᛦᚽᚧᛁᛋᚴᛁᛂ

ᛘᛚᚼᛚᚽᚽᚠᛚᛖᛂᚠᚠᛚᚠᚠᚢᚴᚴᚡ•ᚱᚧᚢᚽᚠᚢᛋᛒᛚᚱᚧᛁ•ᛁᚠᛁᚼᛁᚴᛘᛁ

ᚱᚼᛂᛚ•ᛒᚴᛂᚧᚱᚾᚠᛁᚽᚽᛋᚠᛚᛘᛘᛚᚴ•ᛚᚡᛁᛋᛁᚡᛁᚠᛋᛚᛚᛒᛁᚧᛚᚧᛚ•ᚱ

ᚠᛦᚴᚠᛁᚱᚡᛚᚱᚠᛁᛘᛘᛚᛚᚽᚡ•ᛁᛚᚱᛚᛂᚠᚼᛚᚽᚽᚼᛚᚱᚧᛚᚽᚴᛁ•ᛚᚼᚢᚽᛚᛁᚽ

ᚠᚡ•ᛁᚠᛁᚽᚽᚦᛚᚽᚽᚽᚱᚴᛁᚽᚠᛁᚱᛚᚧᚴᚮᚽᛚᛚᚢᛘᛂᚠᚧ•ᚠᚽᚢᛘᚠᚡᚮᛚ•ᛚᚢᛋ

ᛁᚧᛚᚽᛋᛁᚠᛘᚢᚽᛚᛚᚱᛒᚢᚱᛁᚢᚦᛋᛂᚠᚼᚱᛁᚽᚠᛚᚼᚢᚽᛚᛁᚽᚠᛋᛋᛦᚽᚱ

ᚦᚡᛁᛁᛚᚦ•ᛁᚱᛚᛚᛚᚢᛁᚮᚠᚱᛁᛚᛚᚠᛁᛚᚴᛖᛚᚠᛁᛚᚱᛘᛘᛘᛁᚠᛁᛚᛚᛂᚠᚠᛚᚧ

ᚢᚱᛚᛁᚢᚦᛚᚴᛁᛚᛚᛚᛒᚢᚦᚴᚢᚽᚠᚱᛒᛂᛚᛁᚱᚢᛒᛒᛁᚽ•ᚽᛁᚦᛚᛁᚽᚼ•ᚴᛖᚱᚽ

ᚠᚠᛁᚯᛚᛂᛘᛅᛅᚠᛂᛐᚠᚠᛅᚧᚼᛅᛐᛐᛘᚢᛐᛂᚢᚠᛂᚧᚱᛋᛅᛐᛋᛘᛁᚠᛚᛅᚠᚱᛅ

ᚱᛅᚠᛂᛁᚱᛅᚯᚠᚠᚱᛂᛘᛁᛂᚦᛁᛐᛋᚠᛅᚱᛅᚼᛁᛚᛅᛐᚠᛅᚱᚼᛁᚯᚱᛋᛂᚠᛐᚢᛅ

ᛚᚧᛁᚱᛂᚱᛂᚱᛚᚯᚠᚦᚢᛅᛅᛚᚯᚠᛅᚠᛁᚯᛚᛚᚢᛘᛋᛚᛁᛅᚠᚱᚯᚧᚠᚱᚧᚠ

ᛁᛅᛐᛅᛅᛘᛁᛚᛚᛚᚠᛅᚱᛅᚠᛁᚧᚱᛁᛋᚠᚱᛂᛦᚠᛅᛚᚠᛁᚯᚱᛐᚠᛂᛦᛋᛅᛅᛅᛋ

ᚠᚠᛁᛋᚦᛅᛂᚱᚠᛂᚠᛅᚼᛅᚠᚦᛅᛚᚠᚯᚠᛂᛦᚯᛚᚠᚢᛐᛅᛂᚱᛅᛋᛅᛁᛐᛁᚼ

ᚯᚱᚠᛅᚱᚧᛅᚠᚼᛅᚠᛅᚱᚧᚼᚢᛐᛅᛂᛐᚠᛋᛋᛅᛐᚢᚠᛅᚱᛅᚼᛅᚠᚦᚼᛅᛐᛘᛚ

ᛚᚱᛁᛐᛅᛅᚠᛂᛁᚱᛘᛁᛘᛁᛋᚦᛅᛒᚱᛅᛚᛁᛅᛘᛅᛅᚠᛚᛅᚠᛅᚠᛁᚯᛚᛚᚢᛘᛂᛘᚠ

ᚦᛂᛘᛚᛁᛅᛘᚢᛘᛚᛁᛂᚠᛅᚱᛁᚱᚠᛅᛘᚢᚼᛅᚠᛅᚱᚢᛐᛂᚼᛅᛚᛘᚢᛘᛅᚼᛁᛘᛁ

ᛐᚠᛅᛐᚠᛅᛒᚱᛦᚼᛁᚢᚱᚠᛅᚱᚢᚦᛂᛁᚱᛅᛒᛚᛅᚧᛁᛋᛅᛅᚠᚠᛘᚱᛂᛘᚠᚠᚠᛁ

ᚱᚢᛘᚠᛂᛁᛋᛚᛅᚱᛋᛅᛅᚧᚢᚠᚱᛅᛅᚱᛚᛁᚠᛅᛅᚱᚢᛚᚠᛁᚧᛁᛅᚯᚠᛚᛁᛐᚠᚱᛅ

ᚦᚠᛁᛅᛁᛋᛁᚱᛋᚢᚦᚱᛐᛘᚱᛂᚠᚦᛐᚱᚠᛁᛚᛅᛁᚼᛁᛘᛘᛂᚦᚼᛁᛚᛅᛁᛐᚠᚢᛘ

ᚦᛅᛅᛅᛅᚠᛅᚱᛅᚦᚱᛦᛘᚱᚠᛅᚱᛅᛚᛘᛅᛂᛘᚠᚼᛂᛋᛅᛁᚼᚯᚠᛘᛅᛅᛅᛁᚱ

ᛚᛅᛅᛁᚱᛅᛐᛂᛅᛘᚱᛦᛘᚱᛐᛋᛁᛋᛅᚠᚧᛁᚼᛦᚠᚠᛂᚠᛅᛅᚠᛂᚱᛂᚠᛁᛘᛅᚧᚱᛅ

ᚱᛋᛦᛋᛚᚢᚱᛂᛐᛘᛂᚧᛒᛅᚢᚠᛒᚱᛅᛅᛅᛒᛁᛅᚱᛅᛅᛅᚱᛂᚠᚠᛅᚼᛂᚠᛁᚱᛘᛅᛐ

ᛚᚦᚼᚾᛐᛂᚢᛉᚦᛐᚢᛂᚱᛁᚼᚱᚠᛐᛋᚢᚾᛐᛂᚢᛐᛐᚾᚠᚨᚱᚢᛐᚨᛚᚠᛡᚢᚾᛐᛂᚱᚢᚦ
ᛐᚱᛣᚠᚠᚱᛐᛉᛐᚾᚾᛗᚦᚨᛂᚱᛁᛡᛐᛐᚢᚾᚢᛉᛡᛐᛚᚠᚢᚠᛚᚾᛁᚱᛐᚠᛁᚠᛚᛁᚦᚠ
ᚨᚾᚢᚾᚠᛋᚠᛐᚾᛂᚾᚱᚢᛉᚱᚨᛉᚢᛡᛂᛚᚠᛁᚠᚠᛐᚦᛋᚠᛐᛒᚱᛐᛋᛐᛣᚱᛁᚱᛋ
ᛐᛐᚠᚾᛐᛁᚼᛗᛐᛂᚢᛉᛐᚠᛐᛐᛉᛁᛗᛐᛂᚾᚠᛐᛉᛂᚾᚠᛁᚠᛐᚠᚦᛁᚨᚠᛐᚼᚠᛚᚾᚠᛐ
ᚱᛐᛂᚠᛋᛒᚱᚢᚾᛋᛂᚾᚨᚠᛋᛁᚠᛚᛁᚾᚠᛐᚱᛋᚾᛂᚾᚱᚢᚢᛒᛒᚠᛁᚦᛐᚱᛁᚠᛂᚠᚾ
ᛁᛋᛐᛁᚾᚠᚢᛉᛐᚠᛐᚱᛁᚾᛋᚠᛁᚱᚦᛁᚠᛐᚱᚦᛐᚱᛐᛣᛉᚱᚨᚠᛁᛐᚱᚾᚠᛚᛣᛉ
ᚱᛒᚱᛐᛋᛐᚱᚼᚾᛐᚠᛁᚦᚱᚼᚾᛐᚱᛂᚱᚢᚠᛁᚠᛁᚾᚠᛐᚱᛂᛁᛋᛐᚾᛂᛐᚠᛂᚠᚢᚾᛐ
ᚼᚦᛚᛁᚾᚠᚢᛉᛚᚨᚠᚦᚢᚾᚠᛋᚠᛚᚨᛐᛁᛚᚼᚾᛐᛂᚢᛉᚠᛁᛐᚱᚱᛁᛋᚠᛐᚠᛐᚱᛐ
ᛐᛡᛂᛣᚱᛐᛂᚱᛋᛐᛉᛐᚾᚠᚨᛉᚢᚠᚨᛚᚠᚢᛋᛣᛋᛐᛁᚱᚨᚠᚠᛁᛚᚱᛚᛐᚾᚠᛁᚱ
ᛋᛐᛉᛒᛁᚼᚱᚠᛂᚦᛐᛒᚱᛁᛉᛒᚱᚨᛐᛗᛉᛣᛐᛂᛐᛂᚱᛐᚠᛐᛒᛐᚦᛡᛂᛚᚠᛁᛡᛐᛋᛂ
ᚠᛚᚨᚠᛐᚱᚠᛐᚱᚦᛐᛐᛡᚱᚼᚾᚾᚢᛉᛡᚼᚠᚾᚦᛁᚾᚠᛚᚨᚠᛐᚦᛐᛂᚱᚨᚠᚢᚱᛚ
ᚠᚾᚠᛁᛋᛐᚨᛐᛐᛁᚱᛋᛐᚠᛋᛐᛁᚨᚱᚾᛉᚼᚱᚢᛉᛋᛐᛂᛣᛒᚠᛁᛗᛐᛂᚾᚦᛂ
ᛉᛋᛁᛐᛚᚠᚢᛉᛋᛁᚠᚱᚢᚾᚨᚠᛐᚾᚠᚨᛚᚠᛐᛂᚼᚱᚠᚨᚠᛒᛐᚱᚠᚨᚠᚠᛁᚱᛁ
ᚦᛂᚱᛐᛋᚾᚱᛁᛋᚠᚱᛐᛉᛚᛁᚠᛐᚱᛐᚾᚨᚱᛡᛂᚾᛐᛂᛁᚠᛐᛚᚠᚱᛐᛂᛣᚱᚠᚨᚾᚢᚾ

ᚵᛋᛆᛐᚵᚮᛁᛔᛆᛚᚢᚮᛑᛁᚼᛂᛚᚵᛁᚴᚡᛆᚧᛋᛆᛐᚦᛆᚱᚢᛘᛆᚠᛐᛆᚮᛁᚢᚮᛆᚡᛆ
ᚵᚢᛘᚠᛚᛆᚢᛋᛐᚠᛆᚵᚱᛒᚢᛁᚮᚠᛚᛁᛅᛐᛆᚴᚮᛆᛐᛐᚢᛂᚮᚦᛂᛁᚱᛋᛁᛆᛚᚠᛁᚱ
ᚠᚱᛆᛋᚡᛆᚱᛁᚮᛋᚼᛆᚢᚵᛁᛘᛂᚧᚼᛂᚱᛘᚧᛆᚱᚼᚢᚵᚼᛂᚱᚴᚿᚮᚮᚢᚧᚢᚠᚱ
ᛆᚵᛅᚧᛒᛅᚱᛁᚮᚮᚵᛅᚧᛘᚢᚮᛑᚱᛆᛐᚦᚡᛁᚼᚡᛂᚱᚱᛂᚱᛚᛆᚮᛑᚱᛂᚴᛁᛋᛆᛂᚱᛚ
ᛁᚧᛁᛋᛐᛦᚱᛁᚱᛅᚴᚼᛆᚮᚮᚠᛂᛁᚴᚮᛆᛚᛁᚧᚠᚾᚱᛁᚱᛆᛐᛚᛆᚮᛑᛁᛋᛁᚮᚠᛁᚿᛐᛚᛁ
ᚴᚡᛆᚧᛋᛚᚿᚮᚵᚢᛔᛔᚡᛁᚧᚱᛆᚱᛆᚢᚧᚢᛘᛋᚴᛁᛚᛑᛁᚱᚿᚮᛑᚡᛁᛆᚱᛅᚱᚵ
ᚢᛚᛚᛁᚦᛆᚱᚡᛆᚱᛋᚢᚮᛑᚡᚿᚱᚧᚱᛋᛆᛂᚱᛋᚡᛆᚱᛆᚴᚢᚮᚮᛁᛅᚴᚡᛁᚧᚿᚧ
ᛚᛁᚮᚵᛆᛅᚱᚧᚢᛘᛋᚴᛁᛔᛐᛆᛋᛂᚵᚧᚢᚦᛆᛐᛐᛁᛆᚠᛐᛆᚮᛂᚱᛋᚡᛁᚮᚢᛘᚵᛂᚠ
ᚱᛅᚴᛐᛁᚴᚱᛦᚧᚱᛆᚱᛐᛂᛦᚵᛁᚱᛆᛐᛋᛅᛚᛚᛁᛆᛐᛋᛂᛦᛚᚠᛁᚮᚵᛆᚱᛆᚢᛋᛐᛆ
ᚮᚴᛅᛘᚮᛁᚱᚵᚢᚮᛆᚱᚵᛁᛆᚱᚮᛁᚱᚠᛦᚱᚵᚮᛁᛔᛆᛚᚢᚮᛑᛁᚦᛆᚱᛘᚢᚮᚼᚿᚧ
ᛒᚱᛅᛑᛑᚱᚼᛂᛚᚵᛆᚠᛁᚮᛆᚠᛚᚢᚵᛐᚱᛆᚢᚧᛆᚮᚵᚱᛆᛘᛁᚠᛚᛅᛐᛆᛘᛁᚧᛁᚢ
ᛘᛋᛆᛂᚱᛅᚠᛐᚼᛂᚠᛁᚱᚿᚱᚮᚢᛋᛆᛑᛑᛆᛘᛂᚧᛆᚮᚦᚢᛆᚴᚡᛂᚱᚮᚢᛘᚴᛦᛋ
ᛐᛁᚱᚦᛦᛁᛆᚱᚵᚢᚧᛘᚢᚮᛑᚱᚴᚡᛆᚧᚠᛆᛐᛐᛘᛆᚮᛐᚢᚠᛦᛚᚴᛁᚱᚠᛅᚱᚮᚱ
ᛆᛋᛔᛁᛆᛚᛚᛆᛂᚱᚦᚢᚿᚧᛚᛁᚮᚵᚢᛘᛅᛋᚿᚮᚮᚢᛒᚱᛂᚵᚧᚱᚦᚢᚼᛂᚠᛁᚱᛂᛐᚮ

ᚱᛁᚽᚡᛂᚱᚴᚢᛘᛋᛁᚽᚠᛁᛅᛐᛚᛁᚴᚡᛆᚧᚦᚢᚡᛆᚱᛐᛒᚱᚢᚧᚱᚵᚱᛆᛗᛆᛒ

ᚱᛆᚡᛂᛚᛚᛁᚵᚢᛚᛚᛒᛁᛐᛚᚢᚧᚡᛆᚱᛐᚵᛅᚱᛐᛁᛚᚱᛆᛋᛆᚱᚼᛆᚠᚧᛆᛂᚴᚦᛂᚱ

ᛘᚯᚧᚱᛁᛘᛆᚱᚵᛋᚴᛂᛁᚧᚱᛁᚧᛁᛐᛋᚡᛆᛁᚽᚵᚱᛁᚢᚽᛑᛋᛅᚧᛚᛁᛋᛁᛘᚢᛚᚠᚯ

ᚱᛒᛂᚱᚵᛁᛋᚵᚢᚧᛘᚢᚽᛑᚱᚴᚡᛆᚧᛋᚡᛂᛁᚽᚽᚦᚯᛐᛐᛁᚱᚦᚢᛋᛁᚧᛚᛆᚢᛋ

ᛋᚡᛂᚱᛆᚦᛆᛂᚱᚦᚢᚵᚢᛚᛚᚽᛁᛋᚵᛂᛁᛐᚱᛘᚯᛚᚴᛆᚧᛁᚱᛂᚽᛁᛆᚽᛗᛐᛋᛁᚽᚽᛁ

ᛘᚧᛆᚱᛑᚯᛐᛐᛁᚱᛐᛅᛐᚱᚢᚵᚼᛦᛔᛁᛆᚡᛁᛚᛚᚦᚢᛐᛅᛚᚢᛚᛂᚽᚵᚱᛁᛋᛁᚽᚠᛁ

ᛅᛐᛚᛁᚴᚡᛆᚧᚠᛦᚱᚱᚡᛁᛖᛆᛂᚴᛆᛐᚠᚱᛂᚴᛆᛋᛐᛂᛁᚽᛁᚼᚱᛆᚠᛗᛋᛂᚧᛁᛆ

ᛆᚼᚱᚿᚢᛘᚦᛁᚽᚢᛘᛂᚽᛐᛁᚴᚱᛦᚧᚱᛆᚱᛐᛂᛦᚵᛁᛆᛆᛐᛋᚯᛚᛚᛁᛂᚧᛆᚵᛂᚠᛆ

ᚵᛅᛖᚢᛘᛑᛂᛁᛚᛁᚵᚱᛅᛘᚡᛁᚧᚦᛁᚴᚼᛂᛚᚵᛁᚴᚡᛆᚧᚡᚿᚱᛁᛦᚴᚴᚱᛋᛁᚽ

ᚠᛁᛅᛐᛚᛁᛋᚿᛘᚱᛆᛘᛁᚴᛚᚢᚵᚢᚽᚽᛁᛆᛐᚼᛂᛦᛁᛁᚯᚴᚵᛚᛆᚧᛆᛅᚱᚽᚢᛂᚽᛋᛂ

ᚯᚽᛦᛐᚢᛘᚯᚱᚧᚢᛘᛆᛐᛒᚱᛂᚵᚧᛆᛋᚴᚦᚯᛐᛐᚼᚱᛁᚽᚵᛒᚱᚯᛐᛆᚱᚼᛂᛁᚠᛐ

ᛁᚱᛑᛂᛁᛚᛁᚼᛂᛚᚵᛁᚴᚡᛆᚧᚦᛦᚴᚴᛁᛆᛐᛘᛂᚱᚵᚯᚧᛁᚱᚵᚱᛆᚽᛘᛆᚱᛋᛋᛦᚽ

ᛁᚱᚦᚯᛑᚢᚵᛁᚱᛋᛁᚴᛚᛁᚽᚵᚢᛘᛋᛆᛐᛐᛆᛐᛘᚿᛚᛆᚦᛂᛁᚱᚼᛆᚠᛆᛘᛆᚱᚴᛆᛐ

ᛆᛘᚯᛁᚽᛋᚼᛂᛁᛘᚢᛘᛆᛐᚼᚢᚵᚼᛆᚠᛆᚼᛁᛅᚱᚢᛘᛆᛐᛒᚱᛂᚵᚧᛆᚦᛂᛁᚱᛆᚠᚱ

ᛁᚧᛂᚽᚡᛁᛘᛆᚽᚽᛂᚠᛐᛁᚱᛋᛁᛐᛁᛆᚦᛂᛁᚱᛆᛂᚱᛒᛂᚽᛚᚮᚡᚢᛘᛒᚱᛂᚡᚧᛆᚠᚢᚽ

ᚽᛁᛒᛁᚮᚧᛁᚧᛂᚱᚼᚯᚡᛁᛖᚮᚠᚼᚱᛁᚽᚡᛋᛋᚮᚽᚢᛘᛆᛐᛚᛆᚮᚠᛦᚽᚡᚡᛆᛆᛚᚠ

ᛁᚽᚢᛘᚡᛆᛘᛚᛆᚦᛂᛁᚱᚱᚮᚡᛁᛆᚱᚽᛁᚱᚡᚢᚽᚽᛆᛐᚼᛂᛦᛁᛆᛚᛐᛐᚢᛘᚡᚯᛚᛋ

ᚢᚽᚡᛆᚡᛁᚧᚱᛖᛘᚠᛆᛆᛋᚡᛁᛔᚱᛂᛁᚽᚡᛆᚱᚦᛆᛐᛂᚱᛋᛆᛘᛆᚽᚠᚮᛘᚢᚠ

ᚯᛚᚡᛁᚱᚮᛑᛑᛆᚱᛆᛐᚠᚱᛂᚠᛆᛋᛐᛂᛁᚽᛁᛂᛦᚡᛆᚱᚼᛂᛚᚡᛁᚼᚢᚽᛐᛂᛁᚽᚡᛋᛒᛆᚽ

ᛁᚠᛦᚱᛋᛐᚱᛁᚠᚮᛚᚠᛁᚦᛆᚱᛂᚱᚠᛁᚱᛆᚱᛒᚯᚱᚧᚢᛋᚠᛅᛋᛐᚱᛆᛁᛘᚢᛆᛚ

ᛖᚱᛆᚢᚧᚱᚠᛚᚢᚡᛆᚱᛋᛆᚼᛆᚠᚧᛁᚼᛁᛚᛘᛁᚱᚼᛆᚱᛐᛘᚮᚧᛆᚠᛆᚱᚽᚠᚮᛘ

ᚢᚦᛆᚱᚮᚱᚼᛁᛘᚽᛁᚼᛁᛆᛚᛘᚡᛁᛐᚱᚮᚠᛆᚽᚮᛯᚡᛂᛁᚱᛆᚡᚽᛦᚱᚦᛅᚱᛂᚱᚡᚱ

ᛆᛘᛁᚼᛚᛁᚠᚧᚢᚦᛆᚠᚡᛆᚧᚦᛆᛐᛋᛁᚡᚱᚢᚽᛋᛆᚱᚡᛁᛐᚱᚠᛚᚢᚡᛆᛆᛐᚼᛆᛚ

ᚢᛋᚠᛅᚱᛆᚠᚼᚢᚡᛁᚽᛋᛒᛆᚱᚱᛁᚼᛂᛁᛚᛚᛋᚠᛆᛖᚢᚡᛁᛋᛁᚡᛁᚱᚧᛆᚽᛁᚮᛐ

ᛆᛆᛐᛋᛐᛆᚠᚱᛦᚽᚡᚡᛆᚮᚠᚢᛖᛚᛁᚠᛁᛂᚱᚦᚢᚠᛁᛂᛁᛚᛖᚼᛂᚠᛁᚱᛁᚽᚽᚠᛚ

ᚢᚡᛆᚱᛐᚱᛆᚢᚧᛆᛁᚯᚠᚢᚱᚦᛆᚽᚽᛂᚱᚮᛚᛚᛁᛅᚡᛁᛋᛑᛆᚢᚧᛆᚮᚠᚦᛂᚱᛒᚢᚧ

ᛚᚢᚽᚡᚱᛋᛆᛘᛁᚱᛒᛅᚧᛁᚡᛂᛚᚱᛆᚢᚧᛁᚱᛒᛆᚢᚡᛆᚱᚮᚠᛁᚽᚱᛁᚠᛁᛆᛘᛅᚱᚼ

ᛂᛁᛚᛚᛋᚠᛆᛖᚢᛒᚢᚧᛚᚢᚽᚡᚱᛒᛅᚧᛁᚽᛁᚮᛐᛆᚼᚯᚡᛖᛑᚮᛐᛐᛁᚢᚱᚮᚠᚼᚱᛁ

ᚽᚵᛋᛐᛆᚦᛆᛋᛁᚵᚱᛋᚬᚴᛚᛆᚽᛑᛆᚦᛆᛂᚱᛋᚬᚴᚽᛚᚬᚴᛁᛐ

ᛋᛁᚡᛘᚢᛆᛑᚱᚴᚨᛆᚢᛆᚡᚱᚡᚮᛚᛋᚢᛆᚡᛋᛋᚨᛙᛐᛐᛁᛒᚨᚱᚡᚼᛁᛚᛐᛂᛁᛐᚡ

ᛒᚿᛚᚢᛆᛐᛂᛁᚦᚿᚢᚼᛂᛐᚢᛋᚨᛆᛋᛁᛆᛆᚼᛂᛚᚡᚿᚨᚠᛁᛂᚡᛐᛁᚱᚼᛂᛚᚡᚿᚼᛁᚮᚱ

ᚡᚿᚱᚧᛋᛋᛦᛆᛁᚼᛂᛚᚡᚿᚡᚨᛋᛐᚱᚿᚧᛁᚼᚿᚡᚿᛚᛚᚼᚢᛆᛑᛁᛆᚡᚱᚼᛂᛐᚱᛁᚠ

ᚱᚴᚨᛆᚢᛆᚡᚱᚡᛁᚧᚼᚿᛆᛆᛂᚱᚼᚢᛆᛑᛚᚿᛆᛑᚴᛁᛂᛆᛆᛐᚼᚿᛆᛆᚡᚿᚱᚼᛂᚱᛘᚿᚧ

ᚱᛘᛁᚴᛁᛚᛚᚨᚴᛁᚿᛐᛐᛐᛁᛘᚿᚱᚡᚿᛋᚨᛆᚢᚦᚿᛂᚱᛁᚼᛂᚱᛙᚧᛁᚡᚿᚱᚢᚨᚡᚱᛁᚧ

ᚱᚨᚴᛑᛦᛚᚡᛁᚢᚱᚡᚿᚱᚢᚿᛘᛁᛚᛚᛁᚦᛂᛁᚱᚿᚼᚢᛆᛑᛁᛆᚡᛋᚴᚨᛆᚢᛆᚡᛋᚨ

ᚴᛋᛁᚡᛘᚢᛆᛑᚿᚱᚴᚨᛆᚢᛆᚡᛋᛑᚱᚿᛔᚢᚼᚡᚿᚱᛁᚱᚿᛆᛙᚱᚱᚿᚡᚱᚾᛆᛑ

ᚱᛋᛁᚡᛘᚢᛆᛑᚱᚴᚨᛆᚢᛆᚡᚱᚨᚴᚼᚿᛆᛋᚾᛐᛐᛘᛂᛆᛆᚼᛂᛐᚢᚡᚮᛚᛋᚢᛆᚡᚿ

ᚱᚨᚴᛦᛚᚠᛁᛆᚡᚿᚱᚼᛂᛚᚡᛁᚠᚨᚱᚨᚴᛆᛁᚨᛋᛙᚧᛁᛐᛐᛁᛚᚼᛁᚱᚧᚿᚱᚼᚢᛆᛑ

ᛆᚡᛋᚴᚨᛆᚢᛆᚡᛋᚿᛚᚿᚢᛆᚼᛂᛘᛁᛆᚡᚱᛋᚨᛆᚼᚢᛆᛑᛁᛆᚡᛋᚴᚨᛆᚢᛆᚡᛋ

ᚡᚿᚱᚼᛂᛁᛘᚿᛂᛆᛂᚱᚼᛂᛚᚡᛁᚠᚨᚱᛁᛒᚱᚨᛐᛐᚦᚿᚼᛁᛐᛐᛁᚼᚿᛆᛆᚼᛁᚿᚱᚧᚿᚱᛋ

ᚡᛂᛁᛆᚨᚴᛁᚴᚡᚿᚧᛋᛂᚡᚧᚢᚼᛂᛘᛁᛆᚡᛁᚿᛐᚼᛂᛚᚡᛁᛘᚿᛆᚼᚡᛂᚱᛆᛁᛒᚱᛦᛆᛁ

ᚢᛒᚱᚿᚡᛙᚱᚠᛂᛚᛐᚢᛂᚱᚢᛚᚠᚡᚱᚿᚿᛆᛁᛆᛆᛁᚼᚮᚠᚧᚢᚧᚦᚿᚱᛂᚱᚼᚿᛘ

ᚿᛚᚼᚢᚡᚧᛁᚼᚢᛆᛑᛁᛆᚡᚱᚴᚨᛆᚢᛆᚡᚱᚼᚿᛘᚿᛚᛚᚼᛂᛐᛋᚨᛆᚼᚿᚡᚿᛚᛋᚼᚢ

ᛋᛆᛑᛑᛆᚴᚿᚢᛂᚱᛋᛆᚵᛐᛘᛅᚱᚼᚡᛆᚧᛆᚿᛋᛆᚴᛆᚱᚵᛂᚱᚧᚢᛋᚴᚦᚡᛁᚡᛆ
ᚱᛆᛚᛂᚵᛁᛘᛂᚱᛚᛁᛐᛐᛋᛐᛂᛁᚴᛐᛂᛐᛁᛐᛋᛁᚵᚱᚢᚿᚴᚡᛆᚧᚡᛁᚵᛚᛦᛋᛁᚱᚦᚢ
ᚡᛆᚱᚧᚠᛦᚱᚼᛂᛚᚵᛆᚼᚢᚿᛑᛁᚿᚵᚱᚴᚭᚿᚢᚿᚵᚱᚼᚿᛁᚵᛆᛆᛐᚡᛂᛚᛚᛁᛒᛆᚱ
ᛋᚭᚴᚿᛋᛆᛘᛆᚿᛂᚱᛋᛂᚠᛆᚼᛂᚠᚿᛑᚢᚧᚭᚴᛒᚢᛋᛐᛁᛒᛚᚭᚧᛆᛒᚱᛁᛘᛁᛋᛂ
ᚵᚵᛁᛆᚱᚼᛂᛚᚵᛁᚴᚡᛆᚧᚼᚡᛆᛐᚡᛁᛋᛋᛁᚱᚧᚢᛆᛐᚦᛂᛁᚱᛋᛂᛁᛘᛋᚿᚭᛐᛋ
ᚡᛁᚿᚿᚼᚢᚵᚢᚧᛂᚱᛋᛂᚠᛆᚼᛂᚠᚿᛑᚢᛘᛘᛆᚱᚵᛁᚱᚱᚭᚼᚡᛆᛋᛋᛁᚱᚼᛁᛚᛑ
ᛁᚿᚵᛋᛋᛦᚿᛁᚱᚭᚴᛆᛘᚢᚿᛁᚱᚭᛋᛋᚢᛘᚿᛁᚧᛁᚢᛘᛋᛁᚵᚱᚢᚿᚴᚡᛆᚧᚡ
ᛆᚱᚴᛆᛂᚴᚠᛁᛆᚱᚱᛁᚠᚭᛚᚴᛋᚭᛑᛑᚡᛁᛐᛁᚵᛅᚱᛆᛘᚭᚱᚵᚢᚿᚵᚱᛆᛘᛋᛆᛚ
ᛑᚱᛚᚭᚴᚢᛘᚦᚭᛐᛂᛚᛂᚴᛋᛚᛅᚵᛁᛆᚿᛋᛁᚵᛘᚢᚿᛑᛆᚱᛒᚢᚱᛂᚱᛁᚡᛆᛚᚱᚢ
ᚿᚢᛘᚡᛁᚵᛋᛔᛁᚯᛚᛚᛋᛂᚵᛁᚱᛚᛂᛁᛐᛂᚴᚦᛁᚴᚢᛘᛋᛁᚿᚿᚠᛦᚱᚱᛆᛚᛆᚿᚵ
ᛋᚴᛁᛔᚢᛘᚦᛆᛂᚱᚦᚢᛒᛦᚵᚵᚧᛁᚱᛒᛚᚭᚧᚵᛆᛋᛐᛆᚠᚿᛆᚭᚴᚢᚱᛋᚡᛆᛚ
ᛆᚱᚢᚿᚿᛁᚱᛚᛂᚴᚢᚿᚢᚡᛁᛚᛚᛑᛦᛚᛁᛆᛋᚴᛑᚯᚵᛚᛁᚿᚵᚱᚠᛦᚱᛘᛂᚱᛂᚿᚼᚯ
ᚵᚿᛆᛘᛅᚱᚼᛂᛚᚵᛆᚴᛂᚿᚿᛁᚱᚵᚱᛆᚿᛘᛆᚱᚱᚼᛂᛐᚱᛁᚴᚱᚠᚭᚿᚢᚿᚵᚱᛂᚱᛒ
ᛁᚭᛆᛐᛋᚡᛆᚱᛁᚿᛋᚼᛆᚢᚵᛁᚼᛆᚿᚿᛆᛐᛐᛁᛘᛆᚱᚵᛆᛋᚭᚿᚢᚼᚯᚧᛒᚱᚭᛑᛑᚱᛆ

ᚿᚿᛆᚱᚱᚵᚢᚧᛘᚢᚿᛑᚱᚦᚱᛁᚧᛁᛋᛐᛆᚱᚴᛆᚧᚱᚼᚯᚧᛒᚱᛅᛑᛑᚱᚡᛆᚱᛁᚴᛅ
ᚿᚢᚿᚵᛆᛋᛐᛂᚠᚿᚢᚼᛆᚿᚿᚠᛆᛋᛐᚿᛆᚧᛁᛋᛂᚱᛋᛁᚵᚱᚢᚿᚢᚼᚯᚵᚿᛆᛑᛅᛐᛐ
ᚢᚱᛂᚿᛂᚱᚼᛅᚿᛋᛔᛦᚱᚱᚦᛆᛐᚦᛆᚱᛂᛁᚧᚼᛅᚿᛘᛂᚧᚡᛆᛚᚴᛦᚱᛁᚢᚱᚢᛘᛚ
ᛅᚠᛐᛅᚴᚢᛘᛚᚯᚵᛆᛐᛚᛂᛁᛐᛆᚼᛂᛚᚵᛆᚼᛂᛚᚵᛁᚡᛆᚱᚦᛆᛆᛐᛚᛅᚵᛆᚠᛁᚯᛚᛚ
ᚢᛘᛅᚴᚼᛆᚠᚧᛁᛒᛆᚱᛁᛧᛐᚡᛁᚧᚼᚢᚿᛑᛁᚿᚵᛋᛋᛅᚿᚢᚦᛆᚱᚠᛂᛚᛚᛑᛁᚼᛆᚿ
ᚿᚦᛆᛆᛚᚠᛅᚴᛂᛦᛁᛅᛚᚠᚼᛁᚯᚱᚡᛆᚱᚧᛅᚴᚼᛂᚱᚡᛆᚱᚧᛅᚴᚡᛆᚱᚼᛆᚿᚿᛆ
ᛚᛚᚡᛁᚵᛘᛅᚧᚱᛅᚴᛋᛆᛐᚢᚿᛑᛁᚱᛆᚱᛆᛋᛐᛂᛁᚿᛁᚦᛆᚱᚼᛁᛐᛐᛁᛋᛁᚵᚱᚢᚿᚼ
ᛆᚿᚿᛅᚴᚱᛆᚿᚿᛆᚼᛆᛚᛋᚼᛅᚿᚢᛘᛅᚴᚴᛦᛋᛋᛐᛁᚼᛆᚿᚿᛅᚴᛋᛆᚵᚧᛁᚼᛅᚿᚢ
ᛘᛂᚱᛁᚿᛑᛁᛋᛁᛐᛐᛋᚡᛆᛋᛂᛘᛋᛂᚵᛁᚱᛁᚡᚯᛚᛋᚢᚿᚵᛆᚴᚡᛁᚧᚢᛁᚿᚿᛁᚠᛅ
ᚱᚿᚢᛋᛅᛐᛐᛁᛋᛁᚵᚱᚢᚿᛋᛁᚴᛚᛁᚿᚵᚵᛚᛆᚦᛆᚿᚼᛂᛁᛘᚿᛆᛘᚼᛅᚿᚼᛂᛚᚵᛆᚼ
ᚯᚿᛑᛆᛐᛋᚽᚴᛁᛆᚴᛦᛋᛋᛐᛁᛅᚴᚴᚡᛆᛑᛑᛁᚴᛅᚿᚢᚿᚵᚢᚿᛑᚼᛁᛆᛚᛘᛁᚦᛆᚡ
ᛆᚱᚧᚼᛁᛚᛘᛁᚼᚢᚵᚱᛆᚡᛁᚠᛁᚠᛦᚱᚱᛚᛂᛧᚴᚼᛅᚿᚢᚿᚿᛆᛆᚠᚯᛚᛚᚢᛘᚼᚢ
ᚵᛋᛦᚿᛁᛋᛁᚵᛘᚢᚿᛑᛆᚱᛂᚿᚼᛅᚿᛋᛂᛐᚼᛆᚠᚧᛁᛋᛁᚵᚱᚢᚿᚴᚡᛆᚧᚡᛆᚱᛂ
ᚴᚼᚯᚧᛒᚱᛅᛑᛑᛁᛁᚼᛂᚱᚠᚯᛋᛐᚿᚢᚧᛂᚿᛁᚯᚠᚢᚱᛆᚿᚿᛆᚿᛂᛁᚵᛆᚡᛁᛚᛑᛆᚴᚦ

ᛂᚽᛆᛐᚼᛚᛂᛒᛁᚬᚱᚵᚢᛘᚼᚱᚮᛚᛚᛆᚢᚵᛋᛋᛦᚽᛁᚱᚦᛆᚽᚽᛋᛆᛂᚴᚵᛦᛚᚠᛆ

ᚵᚱᛁᛘᛘᚢᚧᚵᛆᛋᛐᛆᚽᛂᚱᛒᛆᚱᚧᛁᛋᚴᛒᚮᛚᚱᚡᛆᚱᛆᛒᚱᚮᛐᛐᚼᚬᚠᚢᚧ

ᛚᛁᚵᚵᛁᛆᛆᛐᛁᚬᚱᚧᚢᛆᛚᛚᚱᛆᚠᛚᛂᛋᛐᛁᚱᚽᛁᚧᛁᛆᚱᚦᛁᚽᚱᛆᛐᚽᛆᚢᛘᚮᚱᚧ

ᚽᚱᚡᛆᚽᚽᛐᛆᛐᛐᚢᚡᛁᚵᛁᚡᛆᚱᚦᛂᚱᚦᛆᛐᛋᚴᛆᛔᛆᛐᛐᚦᚢᛆᛐᚱᚮᚵᛁᚱᛁ

ᚴᛘᛂᚽᚽᛁᚡᛆᚱᛐᚦᛆᚵᚱᛂᛐᛋᛁᚵᚱᚢᚽᚼᛆᚽᚽᚴᚡᛆᚧᚼᚢᚵᚵᛆᛋᛐᚢᛋᛁᚵ

ᚱᚢᚽᚼᛁᛚᛑᚱᚼᛂᚠᚱᚦᚢᚮᛋᛋᚡᛂᚱᛁᚧᚡᛁᚽᚽᛆᛐᛋᚴᛁᚬᛚᛑᚢᚽᚵᛆᚱᛋᚴ

ᚬᛔᚢᛘᛋᛁᚵᚱᚢᚽᚴᚡᛆᚧᛚᛁᚠᚽᛆᛘᛦᚽᛑᛆᛂᚴᚽᚢᚴᛁᚮᛋᛆᛂᚱᛚᛁᚧᚽᛁᚱᛂ

ᚱᚢᚮᚴᚴᚽᛅᛐᛐᛆᛂᚴᚦᛂᚱᚦᚮᛁᚠᛆᚧᛘᛁᚠᛂᛚᛆᛋᚴᚼᛂᛚᚵᛁᚠᛂᚴᚴᛋᛁᚵᚱ

ᚢᚽᛆᚱᚮᚴᛁᛆᛐᛐᚢᚦᛆᛁᚢᛋᚮᚽᚢᚡᛆᚱᚼᛂᛚᚵᛁᛂᛁᚵᛁᚵᛆᛘᛆᛚᛚᛑᛆᚵᚱᚼᚬᚵ

ᚽᛋᚮᚽᛒᛚᚮᛐᛆᚧᛁᚮᚧᛁᚽᛐᛁᛚᚠᚬᚧᚢᚱᚼᛂᚠᚽᛑᛆᚮᚧᛁᚽᚽᛚᛂᚧᛁᛑᛆᚵᚡᛂ

ᚱᛋᛋᛁᚽᛋᛑᛆᚵᚱᚠᛆᚽᚽᚼᛂᛚᚵᛆᛘᛆᚵᛋᛁᚽᚽᚦᛆᚱᛋᛂᛘᚼᛂᛁᛐᛁᚱᛆᛐᚠᛁᚬ

ᛐᚢᚱᛚᚢᚽᛑᛁᚼᛆᚽᚽᛚᛆᚵᚧᛁᛁᚵᚬᚵᚽᚢᛘᚼᛂᛚᚵᛆᛘᛂᚧᚵᛂᛁᚱᚽᚢᛘᚦᛆᚱ

ᚠᛂᛚᛚᚼᛂᛚᚵᛁᛂᚽᛑᛆᚵᚱᚱᛂᛁᚧᛐᛁᛚᛋᛂᚠᛆᚠᛁᛆᛚᛚᛆᚮᚴᛋᛆᚵᚧᛁᛋᛁᚵᚱᚢ

ᚽᚢᛐᛁᚧᛁᚽᛑᛁᛐᚱᛆᚢᚧᚱᛂᛘᛂᚴᛋᛦᛋᛐᛁᚱᛐᚱᛂᚵᛆᚦᛂᚱᛆᛐᛋᛂᚵᛆᚦᚡᛆ

ᛘᛆᚱᛒᚱᛆᚧᛁᚱᛂᚧᛆᛑᛅᚡᚡᛚᛁᛐᛁᚱᛑᛆᚡᛋᛒᚱᚢᚿᛋᛁᛆᚩᛦᚱᚱᚪᛁᛚᛂᚴ
ᚴᛦᛋᛋᛆᚴᚯᚿᚢᚿᚡᚯᛚᛁᚩᚧᛆᚿᛂᚿᚦᚢᛒᛚᚯᚧᚢᚡᚱᛁᛒᚱᛦᚿᛁᚢᚴᛆᛋᛐᛁ
ᚱᚼᛆᚱᛂᚱᚦᛁᛐᛐᚼᛂᛚᚡᛁᚼᛂᛚᚢᚦᚱᚢᚿᚡᛁᛐᛆᛚᛚᚱᛂᚱᚪᛁᛋᛁᚪᛆᛖᛂᛅᚡᚡ
ᛋᛚᛂᚡᛁᚿᚿᚼᛂᚿᛑᚱᚢᚱᛋᚪᛆᛚᛆᚱᚼᛅᚡᛖᛘᛆᚡᛁᚼᚪᛂᛋᚴᛆᛚᛂᚴᚦᛂᚱᛒ
ᚢᚧᛚᚢᚿᚡᚱᚦᛂᛋᛋᛒᚯᛐᚯᚩᚪᛁᚿᛖᚼᛂᛚᚡᛁᚴᚪᛆᚧᛂᛁᚿᚪᛂᛖᚱᚦᚢᛋᛁ
ᚡᚱᚢᚿᚩᚱᛆᛋᛂᚩᛆᚩᛁᛅᛚᛚᚢᛘᛂᚱᚼᛂᛚᚡᛁᛂᚱᚼᛆᚱᛘᛑᛅᚡᚡᛋᛚᛂᚡᛁᚿ
ᚿᚡᚱᚾᛐᚱᚦᚢᚡᚢᛚᛚᚪᛆᚱᛁᚧᚡᚱᛁᛘᛘᚢᛘᛐᛆᚱᚢᛘᛋᚯᛚᛒᛁᛅᚱᛆᛋᚢ
ᚧᚱᚾᚺᚧᚱᚦᚢᛋᚯᚩᛆᚡᛆᚿᚡᛁᚱᚼᚪᛂᚱᛐᚩᛂᛚᛚᚱᛒᛚᚯᚧᚢᚡᛆᛒᚱᛁᚯ
ᛋᛆᚡᚱᛆᛘᛁᚢᚱᛋᚪᛆᛖᛁᚿᚿᚩᛁᛆᛚᚡᛐᛂᚴᚴᛆᚦᚱᚢᚿᚡᛁᛐᚼᛂᛚᚡᛁᚴᚪᛆ
ᚧᚪᛂᛚᛋᚴᚢᛚᚢᛘᛑᚱᛂᚴᚴᛆᛑᛦᚱᛆᚱᚪᛂᛁᚡᛆᚱᚦᚯᛐᛐᛘᛁᛋᛋᛐᚼᛆᚩᛁ
ᛘᛘᚢᚺᚱᚯᚴᛚᛆᚿᛑᛆᛋᚴᛆᛚᛂᚿᚡᛁᛘᛆᚧᚱᛆᚿᚡᚱᛚᛁᚯᚧᚴᚪᛂᚧᛆᚦᚯᛐᛐ
ᛘᛂᚱᛆᛒᚱᛁᚯᛋᛐᛁᛒᛂᚿᛁᛆᚱᛚᛁᛐᛁᚿᚢᛂᚱᚢᛒᚱᚢᚧᛁᚱᛒᛦᚱᚡᚧᛆᚱᛁᚼᛆᚢ
ᚡᛁᛚᚯᚩᚧᛆᛐᛂᛁᛋᛁᚱᚼᛁᛆᚯᛋᛋᛚᛁᚧᚿᚢᛘᛋᛁᚡᚱᚢᚿᛒᛁᚯᛋᚾᛁᚿᚡᛁᚼᛆᚢ
ᚡᛁᚿᚢᛘᚼᛂᚱᚼᛂᚩᛁᛂᚴᚦᛂᚱᚼᛂᛚᚡᛁᚼᚪᛁᛚᚢᚡᛅᚱᚪᛆᛆᚿᚡᚱᛚᛆᚢᛋᛆᛘ

ᛁᚯᚴᛦᛚᚠᛁᚿᚵᛆᚿᛁᚧᚱᚡᛁᛚᛂᚴᚦᛂᚱᛁᚠᛆᚧᛘᛁᚠᛦᛚᚴᛁᚱᛋᚮᚠᛗᛋᛂ

ᛘᛂᚴᛚᚮᚠᚧᚢᚿᚵᛁᛚᛁᚠᚿᚢᛘᛘᛦᚿᛑᛆᛁᚴᚼᛂᛚᚵᛁᚴᚡᛆᚧᚿᚢᚴᚡᛂᚧᛂᚴᛂ

ᚿᛋᚴᛁᛋᚯᚱᚡᛅᚿᛐᚡᛂᚱᛆᛋᛁᚧᚿᛂᛋᚿᛘᛘᛆᛆᛐᛋᛂᚠᛆᚠᛁᚯᛚᛚᚢᛘᛂᚱ

ᚦᚢᛆᛆᚱᛘᛁᚮᛚᛁᚠᚧᚢᛘᛋᛂᚠᚱᚼᚡᛁᛐᛁᚼᛆᚢᚵᛁᚼᚯᚵᛗᛑᚮᛐᛐᛁᚱᚮᚴᛂ

ᚱᛐᚢᚴᚡᛁᚴᛁᚿᚴᚮᚿᚢᚿᚵᛒᚮᚱᛗᛘᛆᛚᛂᚱᛘᛂᚱᛆᛐᚱᛁᚧᛆᚱᚮᚧᛗᚱᛒᚱ

ᛆᚢᛐᛁᚱᛚᛆᛐᛆᚠᚯᛚᚡᛆᚿᛁᚮᚠᛚᚢᚵᛋᛐᛁᚵᛐᚱᚮᚧᛆᛋᚴᛆᛚᛂᚴᚠᛦᚱᚡᛂ

ᛋᛆᛆᚿᚡᛁᚿᛑᚼᛁᛆᛚᛘᛋᛒᚱᚢᛆᚱᛆᚧᚱᛋᛆᛚᚵᚮᚠᚿᛁᚱᛋᛁᚵᚱᚦᛁᚮᚧᚡᛂ

ᚴᛁᚦᛂᛁᚱᚼᛂᛚᚵᛁᚱᛁᚧᚢᛚᛂᛁᚧᛋᛁᛗᛂᚿᚦᛅᚱᚠᚮᚱᚢᚼᛂᛁᛘᛐᛁᛚᛒᛅᛁᛆᚱᛆ

ᚿᛗᛗᚠᛐᛆᚿᛚᛂᛐᛋᛁᚵᚱᚢᛗᛘᛒᚮᛐᛐᚼᛆᛚᛑᛆᚡᚯᚱᚧᛆᚼᛆᚢᚵᛁᚿᚢᛘᛂ

ᛗᛐᛑᛆᚵᛋᛂᛐᚱᛁᛂᚱᛋᛁᚵᚱᚢᚿᚴᚮᛘᛐᛁᛚᚼᛆᚢᚵᛋᛁᚿᛋᚼᚮᚿᚴᚡᛆᚧᚴᚮ

ᛘᛁᚿᚿᚡᛅᚱᛁᚿᚢᛂᚠᚴᚮᛘᛆᚼᛦᚵᚧᛁᛋᛁᚵᛘᚢᚿᛑᛆᚱᛒᚢᚱᚱᚠᚱᛆᛋᚯᛚ

ᚢᛘᚮᚧᛁᚿᛋᚴᚡᛂᚧᛂᚴᚵᚱᛆᛘᛋᚦᛁᚿᚵᚵᚱᛅᛗᛋᚴᚡᛆᚿᛁᚱᛂᚱᛆᛆᛋᚴ

ᛚᛁᛘᚢᛘᛂᚱᚿᛁᚱᛋᛁᛐᛁᛆᚮᚴᛑᚱᛁᚠᚱᛑᚱᚮᛐᛐᚯᛚᛚᛑᚱᛆᚢᛘᚦᛁᚿᚵᛆᛐᛁᛚ

ᛆᛘᛒᚮᛐᛐᚴᚡᛆᚧᚡᛂᚱᚧᚢᛂᛁᚵᛁᛋᚡᛆᛅᚱᛆᛐᛂᛁᚿᚠᛆᚱᛁᚱᛑᛁᛋᛋᚴᛁᚯᛚ

ᛑᚢᚽᚵᛆᛑᚱᛆᚢᚵᚼᚢᛋᛆᛐᛁᛚᚡᛂᚱᚧᛆᚯᚠᛚᚵᛆᚱᛁᛆᛚᛚᛁᚱᛆᚽᛓᛐᛐᚢᛘᛑ

ᛆᚢᚧᛁᚱᛑᛓᛚᚵᛆᚱᛘᛅᚱᛂᚽᚢᛘᛑᛆᚵᛆᛚᛁᛓᛋᛆᛋᛁᚵᚱᚢᚽᚡᛆᚱᚧᛋᚴᛆᛘ

ᛘᛚᛁᚠᛆᚠᚼᛆᚱᛘᛁᛓᚴᛐᚱᛂᚵᛆᚦᛆᛐᚡᛆᚱᛐᚱᚢᛆᛁᚠᛓᚱᚽᛂᛋᚴᛁᚢᛆᛐᛘᛂ

ᚽᚽᚡᛅᚱᛁᛂᚽᛑᚱᛒᛓᚱᚽᛁᚱᛂᚽᚦᛆᛐᛂᚱᚽᚢᚴᚯᛚᛚᚢᚧᚴᛂᚱᛚᛁᚽᚴᛆᚡᛁᛚᛚᛆ

ᚼᛂᛚᚵᛁᛓᚴᛋᛁᚵᚱᚢᚽᛂᚱᚴᛆᛚᛚᛆᛐᛆᛐᚡᛅᚱᛁᛂᚽᛑᚱᛒᛓᚱᛁᚽᚼᛂᛐᚼᛆᚽᚽᚦ

ᛆᚼᛂᛚᚵᛁᚼᛆᛑᛑᛁᚽᚵᛁᛆᛋᚴᛆᛐᛁᛂᚽᚼᛓᚽᚴᛆᚱᛆᚼᛆᛚᚠᛑᛆᚽᛁᚱᛑᛓᛐᛐᛁᚱᛋ

ᚡᛆᛋᛂᛘᚴᚡᛂᚧᛁᛐᛂᚱᛁᚴᛆᚱᚢᛚᛁᛓᚧᚢᛘᛓᚴᚡᛆᚱᚼᛓᚽᚡᛆᛚᚴᛦᚱᛁᛆ

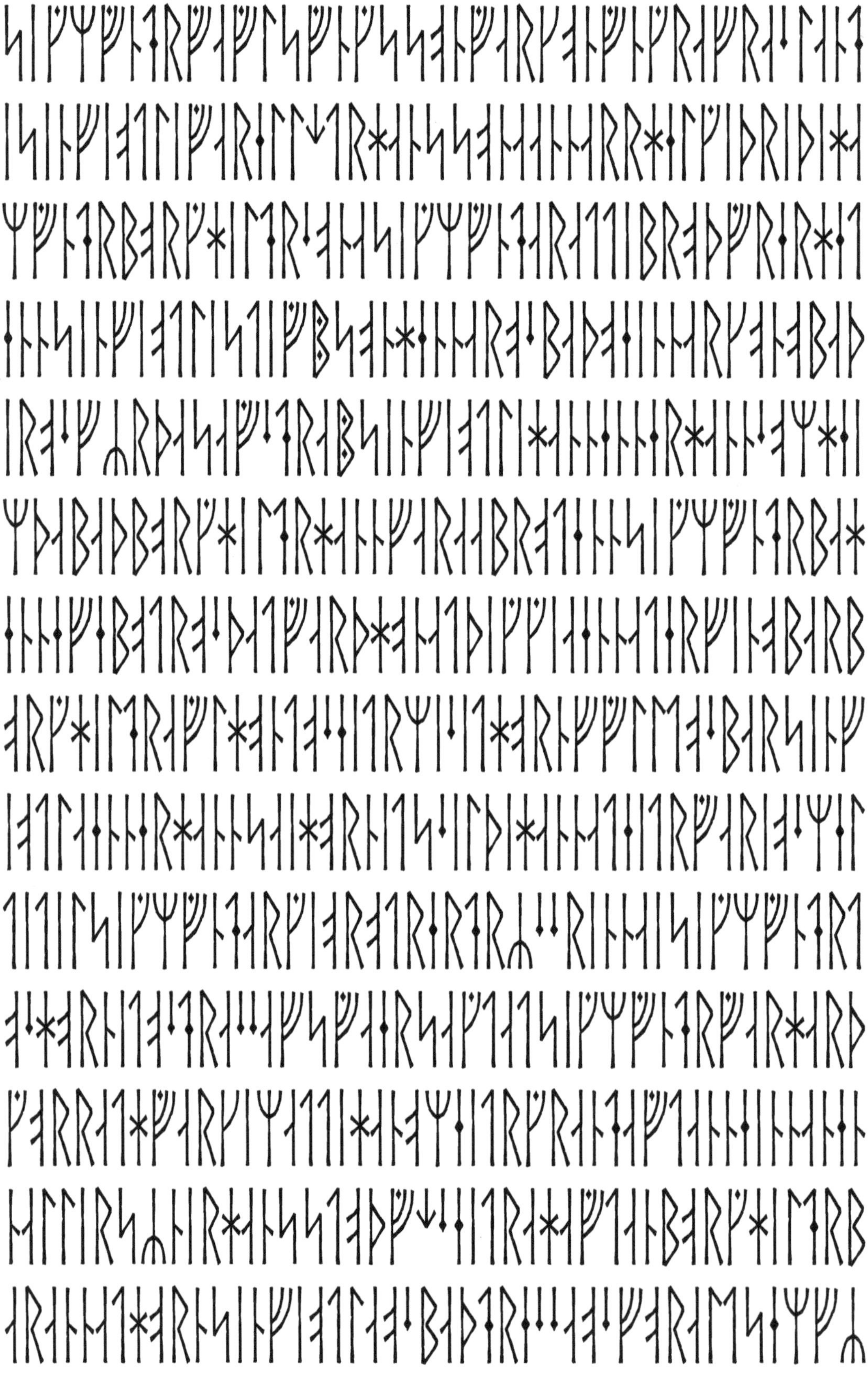

ᚱᚱᚮᛍᛂᚿᚿᛁᚦᚦᚱᛁᚦᛁᛆᛋᛁᚿᚿᛒᛆᚱᚼᚮᚿᚼᛆᚿᚮᛘᚼᚮᚱᚿᛁᛐᚮᛍᚦᚮᛆᛘᛂᛚᛁᛋ
ᛋᚮᚱᚦᛘᛂᚦᛂᚠᚼᛆᚿᚿᛑᚱᛦᛍᛍᛁᛂᛁᚵᛁᛆᚠᚼᛆᚿᚿᛘᛂᛖᛁᛂᚿᚿᛋᛂᛘᚠᛦᚱᚱ
ᚡᛁᚦᛋᛁᚵᛘᚡᚿᛑᚼᛆᚿᚿᛋᛆᚵᚧᛁᛚᛆᛐᛐᚡᚵᚱᚮᚿᛋᛁᛆᚦᛆᛋᚮᚿᚱᛋᛁᚿᚠᛁ
ᚮᛐᛚᛁᛑᚱᛆᛍᛍᚮᛍᚡᛆᚱᚦᚦᛂᚵᛆᚱᛑᛆᚡᚦᚱᛋᛁᚵᛘᚡᚿᛑᚱᛒᛆᚱᚼᛆᚿᚿᛚᛆᚿ
ᚵᛆᚱᛚᛂᛁᛑᛁᚱᛁᚠᛆᚿᚵᛁᛋᛂᚱᚮᛍᚴᚮᛘᛆᛐᚠᛁᚱᚦᛁᛂᛁᚿᚮᛘᛘᛁᚮᚡᚮᛘᚮᛍᛚ
ᚮᚿᚵᚮᛘᚮᛍᚡᛆᚱᚦᛆᚱᛋᛍᛁᛔᛂᛁᛐᛐᛚᛁᛐᛁᚦᚮᛍᛘᛆᚦᚱᛂᛁᚿᚿᛆᚼᛆᚿᚿᛒᛆᛋᛁ
ᚵᛘᚡᚿᛑᛁᚠᛆᚱᚮᚠᚠᛁᚮᚱᚦᛁᚿᚿᛂᚿᚿᛂᚱᛋᛁᚵᛘᚡᚿᛑᚱᛒᛆᚱᛚᛁᛍᛁᛐᚡᛐ
ᛆᛋᛍᛁᛔᛁᛐᚦᛆᚡᛆᚱᛒᛆᛐᚱᛁᚿᚿᚼᛚᛆᚦᛁᚿᚿᚴᛆᚱᛚᛘᛂᛖᛁᛆᛐᛋᛁᚵᛘᚡᚿᛂ
ᚱᛋᛍᛦᛖᛂᛁᚠᛆᚱᛆᚠᛦᚱᛁᚿᛆᚿᚠᛁᚮᚱᚦᛁᚿᚿᚴᛆᚱᛚᚼᚱᛆᛐᛐᚡᛐᛋᛍᛁᛔᛁ
ᚿᚮᚮᛍᚼᚡᛆᚱᚠᚦᛂᚵᛆᚱᛋᛁᚵᛘᚡᚿᛂᚱᚴᚮᚿᚡᚿᚵᚱᛑᚡᛆᛚᚦᛁᛣᛚᛂᚿᚡᛁ
ᛑᛆᚿᛘᚮᚱᛍᛁᚱᛁᚴᛁᛒᚮᚱᚵᚼᛁᛖᛂᛆᚱᛋᛁᚦᛆᚿᛂᚱᚼᛆᚿᚿᚠᛂᛍᛍᚼᛂᚿᛆᚱᚠᚮ
ᚱᛋᛁᚵᛘᚡᚿᛑᚱᚦᛆᛋᚡᚦᚱᛁᚠᚱᛆᛍᛍᛚᛆᚿᛑᛐᛁᛁᛚᚦᛂᛋᛋᚱᛁᛍᛁᛋᛋᛂᚱᚼᛆᚿ
ᚿᛆᛐᛐᛁᚦᛆᚱᚦᛆᚠᛂᛍᛍᚼᛆᚿᚿᚼᛁᚮᚱᛑᛁᛋᛆᚱᛑᚮᛐᛐᚡᚱᛂᛦᛚᛁᛘᛆᚴᚮᚿᚡᚿ
ᚵᛋᚦᛂᛁᚱᚱᛆᛋᚮᚿᚡᛆᚱᛋᛁᚵᚡᚱᚦᚱᛋᛁᚵᛘᚡᚿᛑᚱᚴᚮᚿᚡᚿᚵᚱᚠᛂᛚ

ᛋᛁᚵᛘᚢᚿᛑᚱᚡᚬᛚᛋᚢᚿᚵᛋᛋᚮᚿᚡᛆᚱᚴᚮᚿᚢᚿᚵᚱᛆᚠᚱᛆᚴᚴᛚᛆᚿᛑ
ᛁᛋᛁᚿᚠᛁᚬᛐᛚᛁᚡᛆᚱᛂᛚᛦᛐᚱᚼᛆᚿᛋᛋᚮᚿᛆᛆᚿᚿᛆᚱᚱᚼᛂᛚᚵᛁᚦᚱᛁᚧᛁᚼᛆ
ᛘᚢᚿᛑᚱᛒᚮᚱᚵᚼᛁᛚᛑᚱᚴᚮᚿᛆᛋᛁᚵᛘᚢᚿᛑᛆᚱᛆᛐᛐᛁᛒᚱᚮᚧᚢᚱᛂᚱᚼᛂᛐ
ᛂᚿᛋᛁᚿᚠᛁᚬᛐᛚᛁᛋᛐᛁᚢᛔᛋᚮᚿᚼᛂᚿᚿᛆᚱᚮᚴᛒᛆᚧᚢᛂᛁᚿᚿᛆᚱᚴᚮᚿᚢᛒᛆᚧ
ᛁᚱᚮᚴᚠᛨᚱᛁᚱᚦᛆᛋᚬᚴᛑᚱᛆᛔᛋᛁᚿᚠᛁᚬᛐᛚᛁᚼᛆᚿᚿᛂᚿᛂᚱᚼᛆᚿᚿᚴᚮᛘᚼ
ᛂᛁᛘᚦᛆᛒᛆᚧᛒᚮᚱᚵᚼᛁᛚᛑᚱᚼᛆᚿᚿᚠᛆᚱᛆᛆᛒᚱᚮᛐᛐᛂᚿᛋᛁᚵᛘᚢᚿᛑᚱᛒᛆ
ᚢᚧᚼᛂᚿᚿᛁᚠᛂᛒᛅᛐᚱᚮᚴᚦᛆᛐᚡᛆᚱᚧᚼᚮᚿᛆᛐᚦᛁᚵᚵᛁᛆᛂᚿᛆᛐᛂᚱᚠᛁᚿᚢᛒ
ᛆᚱᛒᚮᚱᚵᚼᛁᛚᛑᚱᚬᛚᚼᚮᚿᛐᚮᚴᛂᛁᛐᚱᛘᛁᚴᛁᛐᚼᚮᚱᚿᚠᚢᛚᛚᛐᚮᚴᛒᛆᚱ
ᛋᛁᚿᚠᛁᚬᛐᛚᛆᛂᚿᛂᚱᚼᛆᚿᚿᛋᛆᛁᚼᚮᚱᚿᛁᛐᛋᚴᛁᛚᚧᛁᚼᛆᚿᚿᛆᛐᛂᛁᛐᚱᚡᛆᚱᛁ
ᚮᚴᛘᛅᛚᛐᛁᛐᛁᛚᛋᛁᚵᛘᚢᚿᛑᛆᚱᚵᚬᚱᚮᛐᛐᚱᛂᚱᛑᚱᛨᚴᚴᚱᛁᚿᚿᛆᛁᛋᛁᚵ
ᛘᚢᚿᛑᚱᛐᚮᚴᚼᚮᚱᚿᛁᛐᚮᚴᛑᚱᛆᚴᚴᛆᚠᛋᚡᛆᛂᚱᛋᛆᚵᛐᛆᛐᛋᛁᚵᛘᚢᚿ
ᛑᚱᚡᛆᚱᚼᛆᚱᚧᚵᚬᚱᚱᛆᛐᚼᚡᛆᚱᚴᛁᛘᛆᛐᛐᛁᚼᛆᚿᚢᛘᛂᛁᛐᚱᚵᚱᛆᚿᛑᛆᚢ
ᛐᛆᚿᚿᛂᛁᚿᚿᛆᚿᛂᚿᛆᛚᛚᛁᚱᛋᛨᚿᛁᚱᚼᛆᚿᛋᛋᛐᚮᚧᚢᛋᛐᛂᛁᛐᚱᛆᚼᚬᚱᚢᚿᛑᚢ
ᛐᛆᚿᛒᚮᚱᚵᚼᛁᛚᛑᚱᛒᛆᚱᛆᚿᚿᛆᛐᚼᚮᚱᚿᛋᛁᚿᚠᛁᚬᛐᛚᛆᚮᚴᛒᛆᚧᛑᚱᛂᚴᚴᛆ

ᚮᚴᚠᚮᚱᛆᛚᛖᛋᛂᛘᚠᛦᚱᚱᚮᚴᛂᚿᚿᛁᛐᚦᚱᛁᚧᛁᛆᛋᛁᚿᚿᛒᛆᚱᚼᚮᚿᚼᛆᛁᚿᚢ

ᛘᚼᚮᚱᚿᛁᛐᚮᚴᚦᚮᛆᛘᛅᛚᛁᛋᚮᚱᚧᛘᛂᚧᛂᚠᚼᛆᚿᚿᛑᚱᛦᚴᚴᛁᛂᛁᚵᛁᛆᚠᚼ

ᛆᚿᚿᛘᛅᛖᛁᛂᚿᚿᛋᛂᛘᚠᛦᚱᚱᚡᛁᚧᛋᛁᚵᛘᚢᚿᛑᚼᛆᚿᚿᛋᛆᚵᚧᛁᛚᛆᛐᛐᚢ

ᚵᚱᚬᚿᛋᛁᛆᚦᛆᛋᚮᚿᚱᛋᛁᚿᚠᛁᚬᛐᛚᛁᛑᚱᛆᚴᚴᚮᚴᚡᛆᚱᚧᚦᛂᚵᛆᚱᛑᛆᚢᚧ

ᚱᛋᛁᚵᛘᚢᚿᛑᚱᛒᛆᚱᚼᛆᚿᚿᛚᛆᚿᚵᛆᚱᛚᛂᛁᚧᛁᚱᛁᚠᛆᚿᚵᛁᛋᛂᚱᚮᚴᚴᚮᛘᛆ

ᛐᚠᛁᚱᚧᛁᛂᛁᚿᚢᛘᛘᛁᚮᚡᚢᛘᚮᚴᛚᚬᚿᚵᚢᛘᚮᚴᚡᛆᚱᚦᛆᚱᛋᚴᛁᛔᛂᛁᛐᛐ

ᛚᛁᛐᛁᛐᚮᚴᛘᛆᚧᚱᛂᛁᚿᛗᚼᛆᚿᚿᛒᛆᚢᚧᛋᛁᚵᛘᚢᚿᛑᛁᚠᛆᚱᚮᚠᚠᛁᚬᚱᚧᛁ

ᚿᚿᛂᚿᛂᚱᛋᛁᚵᛘᚢᚿᛑᚱᛒᛆᚱᛚᛁᚴᛁᛐᚢᛐᛆᛋᚴᛁᛔᛁᛐᚦᛆᚡᛆᚱᛒᛆᛐᚱᛁᚿᚿᚼ

ᛚᛆᚧᛁᚿᚿᚴᛆᚱᛚᛘᛅᛖᛁᛆᛐᛋᛁᚵᛘᚢᚿᛑᚱᛋᚴᛦᛖᛂᛁᚠᛆᚱᛆᚠᛦᚱᛁᚱᛁᚿ

ᚿᛆᚿᚠᛁᚬᚱᚧᛁᚿᚿᚴᛆᚱᛚᚼᚱᛆᛐᛐᚢᛐᛋᚴᛁᛔᛁᚿᚢᚮᚴᚼᚡᛆᚱᚠᚦᛂᚵᛆᚱᛋ

ᛁᚵᛘᚢᚿᛑᚱᚴᚮᚿᚢᚿᚵᚱᛑᚡᛆᛚᚧᛁᛋᚴᛚᛂᚿᚵᛁᛁᛑᛆᚿᛘᚬᚱᚴᛁᚱᛁᚴᛁᛒᚮ

ᚱᚵᚼᛁᛚᛑᛆᚱᛋᛁᚧᛆᚿᛂᚱᚼᛆᚿᚿᚠᛂᚴᚴᚼᛂᚿᛗᚱᚠᚮᚱᛋᛁᚵᛘᚢᚿᛑᚱᚦᛆ

ᛋᚢᚧᚱᛁᚠᚱᛆᚴᚴᛚᛆᚿᛑᛐᛁᛚᚦᛂᛋᛋᚱᛁᚴᛁᛋᛂᚱᚼᛆᚿᛗᛐᛐᛁᚦᛆᚱᚦᛆᚠᛂ

ᚴᚴᚼᛆᚿᚿᚼᛁᚬᚱᛑᛁᛋᛆᚱᛑᚮᛐᛐᚢᚱᛂᛦᛚᛁᛘᛆᚴᚮᚿᚢᚿᚵᛋᚦᛂᛁᚱᛆᛋᚮᚿ

ᚡᛆᚱᛋᛁᚵᚢᚱᚧᚱᛋᛁᚵᛘᚢᚿᛑᚱᚴᚮᚿᚢᚿᚵᚱᚠᛂᛚᛚᛁᚮᚱᚱᚮᛋᛐᚢᚠᛦ
ᚱᛁᚱᚼᚢᚿᛑᛁᚿᚵᛋᛋᚮᚿᚢᛘᛂᚿᚼᛁᚯᚱᛑᛁᛋᚵᛁᚠᛐᛁᛋᛐᚦᛆᛆᛚᚠᛁᛋᛦᚿᛁᚼ
ᛁᛆᛚᛔᚱᛂᚴᛋᚴᚮᚿᚢᚿᚵᛋᚮᛎᛋᛁᚵᚢᚱᚧᚱᚦᛆᚱᚢᛔᛔᛁᛒᛆᚱᚿᛅᛋᚴᚢ
ᛋᛁᚵᛘᚢᚿᛑᚱᚮᚴᛆᛚᛚᛁᚱᛋᛦᚿᛁᚱᚼᛆᚿᛋᚡᛆᚱᚢᛚᛆᚿᚵᛐᚢᛘᚠᚱᛆᛘᛆ
ᛚᛚᛆᛘᛂᚿᚿᛆᚧᚱᛆᚢᛘᛆᚠᛚᚮᚴᚡᚯᛎᛐᚮᚴᚼᚢᚵᚮᚴᛆᛚᛚᛆᛆᛐᚵᛂᚱᚡᛁᛋ
ᛁᚵᚢᚱᚧᚱᚡᛆᚱᚦᚮᛆᛚᛚᚱᛆᚠᚱᛆᛘᛆᛋᛐᚱᚮᚴᚼᛆᚿᚿᚴᛆᛚᛚᛆᛆᛚᛚᛁᚱᛘᛂ
ᚿᚿᛁᚠᚮᚱᚿᚠᚱᛅᚧᚢᛘᚢᛘᛆᛚᛚᛆᛘᛂᚿᚿᚠᚱᛆᛘᚮᚴᚵᚯᚠᚵᛆᛋᛐᛆᚿᚼᛂ
ᚱᚴᚮᚿᚢᚿᚵᛆᚵᚱᛁᛔᛁᚱᚼᛂᛐᛋᚮᚿᚱᛂᛦᛚᛁᛘᛆᛒᚱᚮᚧᛁᚱᚼᛁᚯᚱᛑᛁᛋᛆᚱᚼ
ᛆᚿᚿᚱᛂᚧᛚᚯᚿᛑᚢᛘᚮᚴᚡᛆᚱᛆᛚᛚᚱᛆᛘᛆᚿᚿᛆᚡᛁᛐᚱᛆᛋᛐᚱᚮᚴᚠᚱᛆᛘ
ᚡᛁᛋᛋᛋᛁᚵᚢᚱᚧᚱᚱᛂᛁᚧᛂᛁᚿᚿᛋᛆᛘᛆᚿᚮᚴᚴᚮᛘᛐᛁᛚᚼᛆᛚᛚᛆᚱᚵᚱᛁᛔ
ᛁᛋᛋᛁᚵᚢᚱᚧᚱᚡᛆᚱᛆᚢᚧᚴᛂᚿᚿᛑᚱᚼᛆᚿᚿᚼᛁᛐᛐᛁᛘᛆᚿᚿᛆᛐᛘᛆᛚᛁᚢᛐᛁ
ᚠᛦᚱᛁᚱᚼᚯᛚᛚᛁᚿᛁᛋᛆᚿᛂᚠᚿᛑᛁᛋᛐᚵᛂᛁᛐᛁᚱᚦᛆᚴᚡᛆᛑᛑᛁᛋᛁᚵᚢᚱᚧᚱ
ᚼᛆᚿᚿᛘᛆᛚᛋᚮᚴᛋᛔᛦᚱᚱᚼᚡᛂᚱᚱᛒᛦᚵᚵᛁᚱᚼᛂᚱᛒᚮᚱᚵᛁᚱᚦᛂᛋᛋ
ᛆᚱᚼᚡᛆᛐᚦᛆᚿᚿᚦᛁᚮᚧᚴᚮᚿᚢᚿᚵᚦᛂᚵᚿᛆᚱᚿᛂᚠᚿᛆᚵᛂᛁᛐᛁᚱᚴᚡᛆᚧᚵᚱ

ᛁᛒᛁᚱᚼᛂᛁᛐᛁᚱᚵᚢᛘᛗᛋᛐᚮᚱᛁᛋᛐᛂᚱᚠᛐᛋᛐᚱᛁᚱᛅᚧᚱᚠᚮᛗᛂᚢᚮᚴᚦ
ᛂᚵᚿᚢᛘᛋᛁᚵᚢᚱᚧᚱᚴᚡᛐᚧᛂᚱᚼᚮᚱᛋᚴᚱᚴᚮᚿᚢᚿᚵᚱᚼᛂᛁᛘᛐᛁᛚᛐᚿᛂ
ᛁᛘᚢᚿᛋᛆᚵᚱᛆᛘᚱᚡᛁᚧᛘᛁᚴᚵᛆᚿᚵᛆᛐᛘᛅᛚᛆᛘᛆᛚᛋᛂᚱᚦᛆᚱᚠᛁᛘ
ᛆᚧᚱᚮᚴᚢᚿᚿᛁᚵᚱᚡᛁᛚᛂᚴᚠᛚᛁᚮᛐᛚᛁᚵᛆᚠᛁᚿᛗᚵᚱᛒᛁᚵᛂᛁᛐᛁᚱᚴᚡᛆ
ᚧᚦᛂᛋᛋᛘᚢᚿᚵᛚᛆᚧᚱᚴᚮᚿᚢᚿᚵᚱᚡᛂᛁᛐᛁᛋᛒᛦᚱᛁᛆᚼᚡᛂᚱᚱᛋᛆᛘᛆ
ᚧᚱᛋᛂᛂᚱᛘᛆᛚᛋᚴᚡᛂᚧᚱᚵᚱᛁᛒᛁᛋᛁᚵᚢᚱᚧᚱᚴᚡᛆᚧᛋᛁᚵᚢᚱᚧᚱᛂ
ᚴᚼᛂᛁᛐᛁᛒᚮᚱᛁᚿᚿᛋᛁᚵᛘᚢᚿᛐᛁᛂᚿᚼᛁᚯᚱᛐᛁᛋᛂᚱᚼᛁᛚᛘᛁᛋᛘᚮᚧᛁᚱᚦᛆ
ᚵᛂᚴᚴᚵᛂᛁᛐᛁᚱᚵᚱᛁᛒᛁᛐᛁᛋᛂᚵᛁᛆᚼᛂᚱᛂᚱᛘᛆᚧᚱᚢᛐᛁᚮᚴᚢᚧᚱᚴᚮᛘᛁ
ᚿᚿᚼᛆᚿᚿᛂᚱᛁᛐᛆᚱᛚᛁᚵᚱᛆᛐᛆᛚᛐᛁᛁᛋᛆᚡᛁᛚᛚᚠᛦᛚᚴᛁᚱᚠᚢᚿᛐᛂᚦᛁᚿᚿᚼᛆ
ᚠᛆᚵᛂᚿᚵᚱᚮᚱᛋᚴᛆᛚᛆᛋᚴᛆᛐᛗᛐᚱᚮᛐᛐᛁᚿᚿᚮᚴᚼᛂᛁᛚᛋᛆᚱᚡᛂᛚᚼᛁᛚ
ᛘᛁᚴᚮᛘᚿᚢᛘᚦᛁᚵᚵᚧᚢᚼᛂᚱᛋᛁᚵᚢᚱᚧᚱᚡᛅᚱᛁᛋᛅᛘᚱᛆᚠᛦᚱᚱᛂᚿ
ᚦᚢᚵᛂᛁᛐᛁᚱᛆᚴᚡᛁᚧᚵᚱᛆᛗᛋᛁᛆᛚᚠᚢᛘᛘᛅᛚᛆᛗᛘᚢᚮᚴᛘᛆᚱᚵᛐ
ᚼᛁᛆᛚᛆᚦᛂᚱᚱᛆᚧᛋᛒᛁᚴᛁᚱᚱᛂᚴᚴᛆᚱᚠᚢᚿᛐᛂᚢᛋᚴᛋᛁᚵᚢᚱᚧᚱᚴᚡ
ᛆᚧᛋᛂᚵᚧᚢᛘᛂᚱᛂᚠᚦᚢᚡᛂᛁᛧᛐᛘᚮᚧᚢᚱᛒᚱᚮᚧᛁᚱᚼᚡᛂᛘᚢᚿᛋᛁᚵᚢ

ᚱᚧᛁᛋᚿᚢᚿᛆᚾᚡᛁᚵᚱᛁᛔᛁᚱᚴᚡᛆᚧᚦᚢᛘᚢᚿᛐᛘᛆᚧᚱᚡᛂᚱᛆᛘᚾᛦᛐᚱ

ᚢᚿᛑᛋᚨᛚᚢᚨᚴᚼᚾᛋᛐᚱᛒᚨᚱᛁᚿᚿᚼᚡᛂᚱᛁᚢᛘᛁᚻᚠᚱᛁᚵᛁᚻᚠᚢᛚᛚᛆᚠ

ᚵᚢᛚᛚᛁᛂᚿᚵᛚᚻᚵᚵᚱᚠᛚᚢᚵᛆᚱᛁᛐᚱᛆᛚᛁᛐᛁᚨᚴᛁᚨᚱᚧᚢᛘᛋᛔᛆᚴᚱᛋ

ᛁᚵᚢᚱᚧᚱᚴᚡᛆᚧᛋᛂᚵᚧᚢᚵᛂᚵᚿᚴᚨᚿᚢᚿᚵᚱᚵᛂᚱᚱᛂᚿᛂᚴᛋᛔᛣᚱᛁᛆ

ᛋᚿᚨᛐᚱᛋᛁᚵᚢᚱᚧᛁᛂᚠᚦᚢᛋᛁᛆᚦᛣᚴᚴᛁᛋᚴᚼᚡᛆᛐᛘᚢᚿᚠᛣᚱᛋᛆᚵ

ᛂᚱᛆᛋᚴᛐᛁᛚᚠᛆᚱᚿᛆᚧᛆᚱᚦᛆᛂᚱᚨᚱᚵᛆᚱᚧᛁᛂᛘᚴᚵᛂᚿᚵᛁᚿᚿᚦᛁᚿᚢᛘᚵ

ᚱᛁᛔᛁᚱᚴᚡᛆᚧᚠᛣᚱᛋᛐᛘᚢᚿᛐᚢᚠᛣᛚᚴᛁᚱᚠᚻᚧᚢᚱᚨᚠᚼᛂᚠᚿᛆᚨ

ᚴᛂᛣᛚᛁᛘᛆᛆᛚᛚᛋᚼᛆᚱᛘᛋᚱᛂᚴᛆᚦᚢᛘᚢᚿᛐᚼᛆᚱᚧᛆᚼᚢᚿᛑᛁᚿᚵᛋᛋᚨ

ᚿᚢᛋᚿᛁᛆᛚᛚᛆᚠᛂᛚᛚᛆᛘᚢᚿᛐᚢᛋᛁᚵᚱᚼᛆᚠᛆᛋᛁᚵᚢᚱᚧᚱᚴᚡᛆᚧᛋᛂᚵ

ᚧᚢᛁᛐᚱᚴᚨᚿᚢᚿᚵᚱᚾᛐᛐᛐᛁᚿᚵᛁᛘᛂᚱᚼᛂᛚᛑᚱᚼᚨᚱᛋᚴᛚᛁᚵᛆᛂᚱᚡᛁᛐᚼ

ᚢᚵᛆᛐᛘᚾᛚᚢᛘᛋᛂᚱᚦᚢᛋᛁᚵᚢᚱᚧᛆᚱᛋᚿᚻᚱᛒᚱᚻᚵᚧᚠᛣᚱᛁᚱᚧᛆ

ᚢᛂᚱᚼᚾᛋᛐᚠᛆᚱᛆᚢᚿᛑᚼᛁᛘᛁᚿᛋᚴᛆᚢᛐᚢᛘᚵᚱᛁᛔᛁᚱᚴᚡᛆᚧᛘᚢᚿᛐ

ᚢᛂᛁᚿᚿᚡᛂᚵᛆᚨᚱᛘᛁᚿᚿᚠᚱᛆᚿᛆᚦᛆᚿᚿᛂᚱᚵᚱᛆᚧᚢᚵᚱᛚᛁᚵᚵᚱᛆᚵᚿᛁᛐ

ᛆᚼᛂᛁᚧᛁᚦᚢᛘᚢᚿᛐᛒᛆᚧᚢᛘᛆᛐᛒᛆᚿᛆᚡᛂᚱᚧᛆᚱᛂᚵᛁᚿᚨᚴᚠᛆᚠᚿᛁᚱᛂᛐ

ᛘᛋᚴᛁᛒᛆᛚᛁᛐᚢᛘᚫᚴᛚᛆᛐᚢᛘᛂᚱᛆᛚᛂᛁᚦᛂᚱᚢᛘᚦᛆᚱᛘᚢᚽᚠᛚᛆᚱᚾ

ᚦᛁᚠᛦᛚᚡᛁᛆᛆᚽᛗᛐᛆᛐᛆᛗᛘᛂᚦᚯᛚᛚᚢᛂᚽᚽᛋᛂᚡᚦᚢᚡᚱᛁᛒᛁᚱᚡᚱᛁᛒᛁ

ᚱᚴᚡᛆᚦᛚᛁᛐᚼᛂᚠᛁᚱᚦᚢᚡᚢᚽᛗᚱᛋᚫᚴᛚᚾᛐᛁᚼᛆᚽᛋᛘᚾᛚᛋᚴᚢᚦᛁᚽ

ᛐᚫᚴᛘᛂᚡᛁᚽᚼᛦᚡᚡᛁᚢᚱᛘᚢᚽᛐᚢᚠᛆᛋᛐᛗᚦᛂᚱᚠᚱᛆᛘᛚᚢᚽᛐᛆᚦᛆ

ᚠᚫᛋᛐᚱᚢᚼᛂᛁᛘᛁᛋᛋᛂᚱᚡᚾᛐᚱᚠᛦᚱᚦᚡᛁᛋᛁᚡᚢᚱᚦᚱᚴᚡᛆᚦᚡᛂ

ᚱᛋᛐᚼᛦᚡᚡᛁᚢᛘᚦᚡᛁᚡᛆᚽᛐᚱᛘᚢᚽᚴᚼᛂᛁᛐᛁᚽᚽᛋᛁᚡᚢᚱᚦᚱᛘᛂᚦᛋ

ᛂᚡᚡᛁᚢᛘᛆᛐᛋᚫᚡᚯᚱᚢᚡᛁᛚᛂᛆᛂᚴᛂᛁᚡᛁᚡᛂᛚᚢᛘᛒᛂᛁᛐᛆᛁᚯᚠᚱᛆᛒᚱ

ᚢᚦᛁᛂᚱᛂᚴᚾᚦᛋᛐᛆᚡᛂᛁᛐᚴᚡᚱᛁᛒᛁᚱᚴᚡᛆᚦᚦᚢᛘᚢᚽᛐᚼᚡᛁᛚᛆᚼᛂᚱᛋ

ᚫᛐᛐᚡᛁᛐᛁᛘᚾᚱᚱᚼᛁᛆᛘᛂᛦᛁᚢᛋᛂᛘᚦᛁᚽᛘᚫᚦᛁᚱᛋᛂᚦᚡᛁᛘᚢᚽᚢᛒᛒᛁ

ᛘᛂᚦᛆᚽᚯᛗᛂᛚᛁᚠᛁᚱᚦᛁᚫᚦᛆᚱᚦᛂᚽᚡᛁᛚᛚᚦᛁᛐᛐᛗᚠᚽᚡᛂᚱᛆᛋᛁᚡᚢᚱᚦ

ᚱᚴᚡᛆᚦᛘᚢᚽᚡᚫᚦᛆᚴᚡᛆᚽᚡᚢᚽᛗᚱᚱᛂᛁᚡᛆᛘᚾᚱᚱᛘᛂᚦᛘᚯᚽᚽᚢ

ᛘᛘᛂᚱᛋᛂᚡᚦᚢᚡᚱᛁᛒᛁᚱᚦᚫᛐᛐᚼᛆᚠᛁᚦᚱᛁᛆᚱᚽᚾᛐᚱᚦᛂᚡᚽᛋᛒᚱᚢᚦ

ᚱᚼᛁᛆᛘᛂᚱᛋᛗᚱᛚᛦᚽᛐᛂᛋᚫᚠᛁᛐᛋᛚᛁᚴᛋᛂᚱᚢᛐᛐᚾᛘᛁᚡᚱᛁᛒᛁᚱᚴᚡ

ᛆᚦᛋᛆᛘᛆᚽᛘᚢᚽᚢᛒᚱᚢᛚᛚᚢᛒᛒᚾᚦᛁᛐᚱᚢᚴᚴᛁᚽᛋᛁᚡᚢᚱᚦᛆᚱᚫᚴᚡ

ᚠᚦᚢᛉᚾᛐᛐᛁᚱᚦᛆᛐ

ᛋᛁᚠᚢᚱᚧᚱᚠᛂᚴᚴᛐᛁᛚᛋᛐᚭᚧᛋᚼᛁᛆᛚᛒᚱᛂᚴᛋᚭᚴᚴᛆᚢᛋᛋᛂᚱᛆᚠᚼ
ᛂᛋᛐᛂᛁᚽᚽᛂᚱᚠᚱᛆᚽᛁᚡᛆᚱᚴᛆᛚᛚᛆᚧᚱᛋᛁᚧᛆᚽᚦᛆᚡᛆᚱᚴᚭᛘᛁᚽᚽᚱᛂᚠᛁ
ᚽᛐᛁᛚᚼᛁᛆᛚᛒᚱᛂᚴᛋᛋᚭᚽᚱᚼᚱᛂᛁᚧᛘᛆᚱᛋᚼᛆᚽᚽᚡᛆᚱᚼᚡᛂᚱᛁᚢᛘᛘ
ᛆᚽᚽᛁᚼᛆᚠᛆᚱᛁᚭᚴᛑᚡᛂᚱᚠᚱᚭᚠᚡᛪᛥᛐᚼᛆᚽᚽᚡᛆᚱᚡᛁᛐᚱᚠᚱᛁᛘᛘᚱ
ᚭᚴᚡᛁᛪᛚᚴᚢᚽᚽᛁᚠᚱᚱᛂᚠᛁᚽᚽᚡᛂᛁᛐᛐᛁᛋᛁᚠᚢᚱᚧᛁᚡᚭᛋᛐᚱᚭᚴᚴᛂᚽᚽ
ᛋᛚᚢᚭᚴᛂᛚᛋᚴᛆᚧᛁᚼᛆᚽᚽᛘᛁᛪᚴᚼᛆᚽᚽᛋᛆᚠᚧᛁᛋᛁᚠᚢᚱᚧᛁᚠᚱᛆᚡᚭ
ᚱᛂᛚᛚᚱᛁᛋᛁᚽᚢᚭᚴᚦᛂᛁᛘᛆᛐᛒᚢᚱᚧᚢᛘᛆᛐᚭᚧᛁᚽᚽᚭᚴᚼᚿᚽᛁᚱᚭᚴᛚᚭᚴ
ᛁᚼᛪᚡᚧᚢᚴᚭᛘᛁᛐᛐᛁᛚᛆᚽᛑᚡᛆᚱᛆᚡᚭᚱᛋᛁᚦᛂᛁᛘᚡᚭᚱᛋᛁᚡᛆᚱᚡᛁᛪ
ᛚᚧᛁᚡᛁᛋᚴᛆᛂᛁᚽᚽᛑᚡᛂᚱᚠᚱᚼᛂᛐᛆᚽᛑᚡᛆᚱᛁᚼᛆᚽᚽᚡᛆᚱᛚᛪᚽᚠᚢᛘᛁᚠ
ᚭᚱᛋᛁᚽᚢᛘᛁᚠᛂᛑᛑᚢᛚᛁᚴᛁᚭᚴᚡᛂᚴᚴᛋᛂᚱᚦᛆᚱᛘᛆᛆᛁᚱᚭᛐᚱᚼᛂᛐᛒᚱ
ᚭᚧᛁᚱᚡᛆᚱᚱᚴᚡᛆᚧᚱᛂᚠᛁᚽᚽᛂᚱᚭᚡᛐᚡᚭᚱᛁᚡᚭᚱᛋᛁᚽᚽᛁᚭᛐᚱᛋᛚᚴ
ᛁᚼᛆᚽᚽᚼᛆᚡᚧᛁᛐᛂᚴᛁᛐᛂᛁᚽᚽᛚᛆᛥᚭᚴᛋᛆᛐᛆᛁᚱᛒᛆᚴᚴᛆᚽᚢᛘᚭᚴᛆᛐᛒᛚ
ᚢᚽᛑᛆᚽᛑᛁᛚᚭᚴᛁᛚᛆᚢᛋᛐᚼᛆᚽᚽᛘᛂᚧᛋᛐᛁᛂᛁᚽᛁᛐᛁᛚᛒᛆᛗᚦᚭᛐᛐᚢᛋᛐᚿᛋ
ᛁᚱᛘᛁᛪᚴᚼᛂᛒᛒᚽᛁᚱᚡᛂᚱᛁᛐᚼᛆᚡᛆᚭᚴᚡᛚᚭᚠᚢᛒᛂᛚᚠᛆᚡᚭᛐᚱᛁᚽᚢ

ᛘᚦᛆᛐᛋᛆᛘᛆᚴᚪᛂᛚᛂᛋᚫᛐᛐᚢᚦᛂᛁᚱᚡᛁᛋᛐᛁᚿᚡᛐᛁᛚᚼᚱᛂᛁᚧᛘᛆᚱᛋᚫ
ᚴᛋᛦᚿᛂᚢᚪᛂᛁᚧᛁᛋᛁᛗᚦᛆᛐᚫᚴᚢᛘᚪᛂᚱᚦᛆᚼᚯᚿᛂᚢᛘᚫᚴᛚᚯᚡᚧᚢ
ᛘᚦᛂᛁᛘᚩᛁᚯᚱᛚᛆᚢᛋᛗᛐᚩᛦᛚᛚᛆᚫᛐᚱᛒᛂᛚᚡᛁᚿᚿᛘᛂᚧᚡᚢᛚᛚᛁᚫᚴᚼ
ᛦᛚᛆᚢᛐᛆᚿᛘᛂᚧᚱᛆᚢᚧᚢᚡᚢᛚᛚᛁᚦᛆᛋᛂᚿᛂᛐᚢᚦᛂᛁᚱᛚᚫᚴᛆᛆᛐᚩᛚᛆᚡ
ᚢᛚᛚᛋᛁᚿᛋᚼᛆᚿᚿᚴᚫᛘᛐᛁᛚᚱᛆᛗᚱᚫᚴᚩᛂᚴᚴᚿᛂᛐᚼᛂᚿᛗᚱᚫᚴᚩᚫᚱ
ᚦᛆᛐᛁᛚᛆᚿᛂᚪᛆᚱᛆᚩᚫᚱᛋᚫᚴᚴᛆᛋᛐᛆᚧᛁᚿᛂᛐᛁᚿᚢᚩᛦᚱᛁᚱᚡᛂᛂᛂᚢᛗ
ᛂᚿᚼᚫᚿᚼᛚᛁᚫᛔᛁᚿᛂᛐᛁᛐᚦᛆᛘᛅᛖᛁᛚᚫᚴᛁᚼᚪᛆᛐᛂᚱᚦᛆᛐᚩᛁᛋᚴᛆᛂᚱᚱᛂ
ᚿᚩᛚᚫᚧᛁᛁᚴᛆᚿᛗᛐᛋᛂᚱᚪᛁᚧᚪᛁᛐᛁᚪᛆᚱᛆᛋᚴᚼᚯᚩᚢᚧᚦᛁᛐᛐᛚᛂᛦ
ᛋᛐᚢᚼᛂᛁᛚᛁᚢᚫᚱᚩᛁᚿᚿᛘᛂᚱᛚᛁᚿᛐᛆᚱᛚᚫᚡᛆᚡᛂᛂᛂᛆᚿᚴᚪᛆᚧᛆᚿᛐᛂᚪᛆᚱ
ᛁᛂᚴᚼᛂᛁᛐᛁᚫᛁᚿᛗᚼᛂᛐᛘᛁᚿᚿᚩᛆᚧᛁᚱᛘᛆᚱᚡᛆᚿᚼᛂᚩᛂᚴᚴᚩᚫᚱᛋᚫᚩᚴᛆ
ᚱᛁᛐᛆᚢᛘᛚᛁᚡᚿᚫᚱᚿᛋᚴᚫᛔᚫᛋᛋᛁᛆᚱᛐᛂᛆᚡᛆᛆᛐᛂᚴᛋᚴᛦᛖᛂᛆᛁᚪᛆᛐᚿ
ᛁᚪᛆᚧᛆᛚᚫᚴᛁᚴᚩᛆᚧᛋᛂᚡᚧᚢᚦᛆᛐᛆᚿᛂᚪᛆᚱᛁᛂᚩᚦᚢᛂᛁᚡᛆᚪᛁᛚᛚᛚᛁᚩ
ᛁᛚᛦᚧᛆᛋᚯᛚᚢᛘᚼᚪᛂᚱᚡᛁᚯᛖᛂᚩᛆᛆᚡᚢᛘᛗᛋᛦᚿᛁᚱᛂᚩᚦᛂᛁᚱᚼᚯᚡ
ᚡᚪᛆᛋᚴᚫᚱᚧᚢᛘᛆᛆᚿᛂᚪᛆᚱᛁᚴᚪᛆᚧᚫᚩᚱᚡᛁᚯᛖᛂᚩᛆᛆᚡᚢᛘᛗᛋ

ᛦᚽᛁᚱᚦᛂᛁᚱᛂᚱᚡᛆᚧᚵᛂᛚᛘᛁᚡᛆᚧᛆᚭᛋᛆᚧᚱᛆᚭᚱᚧᛆᚼᚡᛂᚱᚱᛂᚱᛆᛆᚽ

ᛆᚽᛚᛦᚵᚱᚭᚠᛚᛂᚽᚵᛁᛚᛂᛁᚧᛆᛚᛁᛘᛆᚱᛚᚭᚴᛁᛋᛆᛆᛚᛖᚵᚢᛚᛚᚦᛆᛐᛂᚱᛆᚽ

ᛑᚡᛆᚱᛁᛆᛐᛐᛁᛂᚽᛂᚱᚼᛆᚽᚽᚼᛆᚠᚧᛁᚠᚱᛆᛘᚱᛂᛁᛐᛐᚵᚢᛚᛚᛁᛐᚦᛆᚼᛆᚠᚧᛁᚼ

ᛆᚽᚽᛂᚠᛐᛁᚱᛂᛁᚽᚽᚼᚱᛁᚽᚵᚭᚴᛐᚭᚴᛚᚭᚴᛁᚦᛆᚽᛆᚠᚼᛆᚽᚢᛘᛑᚡᛂᚱᚵᚱᛁ

ᚽᚽᚵᛂᚴᚴᛁᚽᚽᛁᛋᛐᛂᛁᚽᛁᚽᚽᚭᚴᛘᚿᛖᛁᚦᛆᛐᛋᚴᛆᛚᚵᚢᛚᛚᛂᚱᚵᚢᛋᛐᚱᛆ

ᛐᛐᛁᛒᚱᚿᚧᚱᚢᛘᛐᚡᛂᛁᛘᛆᛐᛒᛆᛖᚡᛂᚱᚧᛆᚭᚴᚯᚧᛚᛁᚽᚵᚢᛘᛆᛁᛆᛁᛐ

ᚱᚭᚵᛁᛘᚢᚽᛘᛁᚽᛋᚠᛂᛆᚱᛘᛆᚽᚽᚵᛁᚽᛁᚭᛐᛆᚿᛋᛁᚱᚱᛂᛁᛑᛑᚢᚼᚱᛂᛁᚧᛘᛆ

ᚱᛁᚠᛂᛁᛐᚭᚴᛐᚱᛆᚧᚢᚢᛔᛔᚭᛐᚱᛒᛂᛚᚵᛁᚽᚽᚭᚴᚱᛂᛁᛋᛐᚢᛆᚠᚿᛐᚱᚦᛁᛋ

ᚴᛦᛚᛑᚢᚿᛋᛁᚱᚽᛁᚱᚼᛚᛆᚧᛆᚢᛔᛔᚵᚢᛚᛚᛁᚽᚢᚭᚴᚼᛦᛚᛁᛆᛂᚽᛂᚱᚦᛆᛐᚡ

ᛆᚱᚵᚯᚱᛐᚵᛂᚴᚴᚼᚱᛂᛁᚧᛘᛆᚱᚱᚠᚱᛆᛘᚭᚴᛋᛆᛂᛁᛐᛐᚵᚱᛆᚽᛆᚼᛆᚱᚭᚴ

ᛒᛆᚧᚼᛦᛚᛁᛆᚦᛆᛑᚱᚭᚭᚧᛁᚽᚽᚠᚱᛆᛘᚼᚱᛁᚽᚵᛁᚽᛆᚽᛑᚡᛆᚱᛆᚽᛆᚢᛐᚭᚴ

ᚼᚢᛚᚧᛁᚼᛆᚱᛁᛐᛚᚭᚴᛁᚴᚡᛆᚧᚵᚢᛚᛚᛂᚱᚦᛂᚱᚽᚢᚱᛂᛁᛐᛐᛂᚽᚦᚢᚵᛁᚯᛚᛑᚼ

ᛂᚠᛁᚱᛘᛁᚴᛁᛚᛘᛁᚽᛋᚼᚯᚠᚢᚧᛋᛋᛦᚽᛁᚦᛁᚽᚢᛘᚡᛂᚱᚧᚱᛆᛋᚿᛚᛆᛋᚴ

ᚯᛔᚢᚧᚦᛆᛐᚡᛂᚱᚧᚱᛦᚴᚴᛆᚱᚱᛒᛂᚵᚵᛁᛆᛒᛆᚽᛁᚼᚱᛂᛁᚧᛘᛆᚱᚱᛋᛆᚵᚧ

ᛁᚡᛁᛐᚡᛐᚱᚦᚢᚡᛐᚡᛐᚡᛐᚡᛐᛐᛐᚢᛐᛋᛐᚡᛁᛐᚡᛐᚱᚡᛐᚡᛐᛐᛐᚢᛐᚡᚼᛂ

ᛁᚴᚢᛘᚼᚢᚡᚡᚡᛁᚾᚱᚡᛁᛦᚧᚱᚢᛋᚡᛦᚴᛘᚢᚧᛂᚱᚡᛁᚱᚱᚧᛂᚱᚡᛂᚱᛐᛂᚡᛂ

ᚠᚡᛁᛋᛋᛐᛂᛁᚠᚦᛐᛁᚡᛐᚱᚠᛦᚱᛁᚱᚴᚾᚠᛁᚠᚡᛐᚧᛂᚽᚽᛂᚱᚡᛁᚱᚱᛐᚦᛐᛁᚡ

ᛁᛐᛐᚦᛦᚠᚠᚠᛁᚢᛘᚠᚽᛁᚧᛁᛐᛋᛐᚱᛁᚧᚾᚡᚽᛂᛔᛔᛐᛁᚾᚡᚱᛐᚾᛒᚾᚱᛘᛐᚼᛦᚠ

ᚠᛂᛁᚠᚦᛐᛂᚽᚽᚡᛂᚱᛐᛂᚱᚦᛐᛐᛂᚱᛐᛁᚴᚼᛐᛐᚱᛋᚼᚢᚠᛐᛐᚼᚱᛂᛁᚧᛘᛐᚱᚱᚠᚡ

ᛐᚧᚱᛐᛁᚢᚧᚢᚠᚢᚴᚴᛁᚼᛦᚠᚠᛂᛁᚠᛘᛁᚠᚱᛐᚧᛂᛘᚢᚽᛁᚢᛋᚡᛐᚴᛂᚽᚠᛁᛋᛐᛘ

ᛂᚠᚴᛁᚡᛁᚼᛐᛐᚦᛁᚽᚼᚱᛐᚧᚢᛘᚠᛂᛁᚠᚠᛁᚴᛦᚡᛐᚡᚼᛐᛘᛁᚧᚼᛂᛁᛘᚼᛂᚧᛐᚽ

ᚡᛐᚡᚽᛁᚱᛐᚠᚱᛂᚡᛁᚽᚠᚠᚱᚾᚡᚦᚢᚼᚱᛂᛁᚧᛘᛐᚱᚱᚽᛁᚧᚡᛁᛐᛘᛂᛐᚡᛐᚱ

ᛐᛐᚱᛒᚱᛐᚧᚢᚱᛋᛁᚽᚽᚼᛐᚽᚽᚠᚡᛐᚧᚽᛂᛁᚡᛁᚧᛂᚽᚡᛐᚡᚽᛁᚱᚴᛐᚠᚧᛁᛋᚡᛂ

ᚱᚧᛁᚼᚱᛂᛁᚦᛘᛐᚱᚡᚾᚧᚢᚱᛋᛁᚽᚽᛋᚾᚡᛐᚽᛐᛐᚼᚱᛂᛁᚦᛘᛐᚱᚱᚠᛐᚴᚴᛐᚧᛁ

ᛐᛂᛐᛐᚱᛋᛁᚽᚱᚴᛦᚽᚠᚼᛂᛁᚧᚱᛐᚠᚴᛐᚡᚽᚼᛂᛁᚦᚱᚡᛁᛐᚦᛘᛁᚽᚢᚴᚡᛁ

ᚡᛐᚱᛐᛘᛐᚱᛐᛂᚱᚦᛐᛐᛂᚱᚦᚾᚱᚡᚦᛂᛐᚱᚴᛦᚽᚠᚼᛂᛁᚧᚱᛋᛐᚠᚧᛁᚡᛐᛘᚢ

ᚽᛋᛦᛋᛐᛁᚱᚦᚾᛐᛁᚡᚾᚧᚢᚱᛘᛁᛋᛋᛁᚼᛂᚡᚽᛘᚼᚴᛦᚱᛐᚼᛘᚱᛘᛋᚼᚱᛁᚧ

ᛘᛐᚱᚱᚠᚡᛐᚧᛁᚴᚦᚢᚦᚾᚾᛐᛐᚢᚱᛐᛂᛋᚢᚴᚡᚼᚢᚠᚢᚧᛂᚡᚦᚢᚠᛂᛐᚱᛐ

ᛐᛋᚨᚿᚹᛁᚦᛋᛁᚹᛚᛁᚿᚹᛁᚹᛐᛉᛂᛦᛉᛐᚿᚿᛁᛉᛂᚹᛁᚿᚦᛐᚱᚹᛐᚱᚦᛐᛉᚢᚿᚦ

ᛂᚱᛐᚱᛋᚨᚿᚱᚦᛁᚿᛋᚼᛐᚱᛉᛋᚱᛂᛚᛐᚦᛐᛐᚨᚼᚱᛁᚦᛉᛐᚱᚱᛂᚹᛐᚹᚿᚱ

ᛐᚨᚹᚹᚢᛚᛚᛁᛐᛐᛚᛖᚦᛐᛒᛂᛁᛐᛐᛁᛋᛐᚱᛂᚹᛁᚿᛗᛐᚼᛐᚹᛐᚹᚨᚦᚢᚱᛐᚱᚹ

ᛋᛁᚿᚿᛂᚿᚹᛐᚹᚿᛁᚱᚹᛐᛖᚦᛐᚱᚿᛂᚹᛁᚦᚦᛐᛚᛂᛁᛐᚦᛁᚱᛂᚹᛁᚿᚿᚱᛐᚦᛐᚹᛁ

ᚦᛚᛦᚿᚹᚼᛂᛁᚦᛁᛋᛦᛋᛐᚢᚱᛋᛁᛗᚼᚹᛂᚱᚿᛁᚹᚼᛐᚿᚿᛐᛋᚹᛦᛖᛁᚼᛂᛁᛉᛐᛐ

ᚹᚨᚦᚢᚱᛐᚱᚹᛋᛁᚿᚿᚼᚨᚿᚹᚹᛐᚦᛒᚱᚨᚦᚢᚱᚹᚹᛂᚦᛁᛐᛋᚹᛐᛖᚢᛒᛚᛁ

ᚦᛚᛁᚹᛐᛐᚱᚹᛋᚨᚹᛐᚦᚱᛐᚼᚢᚹᛐᚱᛂᚱᛐᚦᛐᚼᛐᚹᛐᛐᚦᚢᚼᛁᚨᚱᚹᛁᛋ

ᚹᛦᛚᛁᚱᚹᚹᛂᚦᛁᚢᚹᛐᚹᚿᛁᚹᛐᚱᚦᛂᛋᛋᛐᚼᛚᚢᛐᛁᛋᛐᚹᚦᛁᚱᛂᚹᛁᚿᚿᛋ

ᛁᚹᚢᚱᚦᛁᛂᛁᚿᚿᛐᛐᚹᛂᚱᚼᛐᚿᚿᚹᚨᛉᛐᛁᛚᚼᚢᛋᛐᚱᛂᚹᛁᚿᛋᚹᛐᚱᚼᛐᚿᚢᛉ

ᚹᛂᛚᚹᛐᚹᛗᛐᚱᛂᚹᛁᚿᚿᚹᚹᛐᚦᚹᚨᛉᛁᚿᚿᛂᚱᚼᛁᚿᚹᛐᛐᚹᚨᚿᚱᛋᛁᚹᛉᚢ

ᚿᛂᛐᚱᛋᛂᚹᚹᚱᛁᚿᚿᛋᛗᚱᚱᛐᚦᛁᛐᛐᛚᛋᛐᛚᛐᚹᛐᚱᚱᛐᛉᚨᚦᚼᛂᚹᛁᚱᛉᛂ

ᚱᛐᛂᚿᛉᛐᚦᚱᚹᛐᛉᛐᛚᛚᚨᚹᛂᚱᛉᛂᚱᚹᛐᚿᚹᛋᚹᛐᛗᛐᚹᚱᛂᚹᚢᛉᚢᛚᚹ

ᛂᚹᛉᚢᚿᚹᚾᚦᛐᚹᚨᛚᚹᛐᛂᛐᚱᚹᛐᚿᚹᚱᛐᛉᚿᚢᛂᚱᛦᚿᚹᚹᛐᚹᚨᚿᚱᛉᛂ

ᚦᚨᛋᛋᚹᚨᛉᛁᚿᚿᛋᛁᛐᛉᚢᚿᚱᚾᛋᛁᚱᚱᛁᚹᛋᛐᚱᚢᚿᛐᛋᚨᛚᚢᚦᚱᛦᛉᚱ

ᚡᛆᚧᚦᛆᛐᛂᚱᛆᚿᛗᛐᛂᚠᚦᚢᛂᚱᛐᚢᛐᚽᚠᚴᚽᛘᛁᚿᛆᚽᚴᛂᚱᛐᛆᛒᚱᛆᚢᛐᛒ

ᚢᛁᚿᚿᛐᚡᛆᚦᚢᛚᛁᛐᚱᛆᛐᛆᛁᛋᛐᛆᚿᛐᛂᛆᚼᚱᚽᚧᚱᚠᚢᛋᛆᚼᛆᛚᛁᚦᛆᛐᛂᚱᛁᛐᚦ

ᚱᛁᚧᛁᛆᛂᚠᚦᚢᚦᛁᚽᛐᛆᚼᛂᛦᚱᛁᚱᚢᛚᚠᚢᚿᛐᛂᛆᛋᚴᛚᛁᛘᚢᛘᚼᛂᛁᛚᛚᛆᛆᚢᚧ

ᛁᛐᚡᛂᚱᚧᚱᚦᛂᚱᛆᚠᚼᛁᛆᛚᛘᛋᛐᚻᚠᚢᛘᛂᚠᚦᚢᛋᛂᚱᚦᛆᚠᛦᚱᚱᛁᚠᛆᚱ

ᛆᛂᚿᚡᚱᛋᚴᛆᛚᚡᚢᛘᛗᛁᚡᚻᚡᚿᚡᛂᚡᛆᛋᛁᚧᛋᚴᛁᛗᚿᛐᛂᛁᛋᛦᛋᛐᚢᚱᛘ

ᛆᛗᚦᛂᛁᚱᛋᛁᚡᚱᚼᛆᚠᛆᛂᚱᛋᛂᛆᚴᚢᚿᚿᚢᚼᛁᚻᚱᛚᛂᛁᚴᛋᚼᚡᛆᛐᛁᚱᛂᚧᛆᚼ

ᛆᛘᛆᛗᚠᛦᛚᚴᛁᛆᚦᛆᛐᛂᚱᚠᛆᚱᛘᛁᚴᛁᛐᛂᚠᚦᚢᚠᚾᛁᛐᛂᚱᛂᛔᚱᚦᛆᚱᛋᚦ

ᚢᛆᛐᚡᛁᚡᛁᚡᛂᚧᚱᛐᛆᛚᛆᚱᛐᛂᛋᛁᚱᛋᛐᛆᚿᛐᛂᛆᚦᛂᚱᛆᛐᚡᚾᚱᚼᛚᛁᚧᛆᚱᚽᚴ

ᚡᛁᛚᛁᛆᚦᛁᚴᛋᛆᚱᛆᚿᛋᛁᛆᚴᛂᛘᛔᚢᚱᚽᚴᚦᚡᛂᚡᛁᚿᚿᛋᚴᛆᛚᚴᚾᚿᛗᚼ

ᚡᛂᚱᚱᚽᚴᛆᛐᛘᚽᚱᚡᚿᛁᛘᛂᛐᛐᚱᚦᚡᛁᛆᛐᚽᛋᛦᚿᛐᛂᚱᚼᚡᛆᚱᛆᛐᛆᚠᛐᚿ

ᚴᛂᛘᚱᛁᛚᛗᛂᚱᚠᛦᚱᚼᛂᛁᛚᛚᛆᛐᚼᚱᛆᛔᛆᛋᛁᚡᚢᚱᚧᚱᛆᛐᛐᛁᚽᚱᚱᚽᛋᛐ

ᚢᛘᛁᚴᛚᛆᚡᛁᚧᛚᛦᚿᚡᚡᛆᚼᚢᚿᛂᛐᛁᚿᚡᛋᛋᚽᚿᚽᚴᛒᚱᚾᚧᚱᚼᛆᚿᛋᚦᛆᚱ

ᚠᛂᛚᛚᛚᛦᚿᚡᚡᛁᚽᚴᚦᛂᛁᚱᚦᚱᛁᚱᛒᚱᚾᚧᚱᛂᚠᛐᛁᚱᚽᚱᚱᚽᛋᛐᚢᚴᚡᛆᚧ

ᚱᛂᚡᛁᚿᚿᚿᚢᛂᚱᛒᛚᚽᚧᚢᚡᚱᚻᚱᚿᛒᛁᛐᚱᚢᛘᚼᛁᚻᚱᚡᛁᛒᛆᛗᛋᛁᚡᛘᚢᚿ

ᛑᛆᚱᛆᛒᛆᚴᛁᚱᛁᛋᛐᛁᚿᚿᛂᚿᚵᚱᚡᛆᚱᚠᚱᛂᛘᚱᛁᛋᛆᛂᚱᚠᚭᛚᛑᚱᛦᚧᛁᚼᛁᛚ
ᛘᛁᛋᛆᚱᚠᛁᚭᚴᚼᚢᚵᛁᚿᚵᛚᛆᛑᛑᛁᚼᛂᛁᛘᚠᚭᚱᛋᛁᚴᚢᚱᚧᚱᛐᛁᛚᚼᛁᛆᛚᛔ
ᚱᛂᚴᛋᚦᛆᛂᚵᚵᛁᛆᚧᛁᚱᛂᚵᛁᚿᚿᛋᛁᚵᚢᚱᚧᛐᛁᛚᛆᛐᚡᛂᚵᛆᚠᛆᚠᚿᛁ

ᛋᛁᚡᚢᚱᚧᚱᛅᚴᚱᛂᚡᛁᚽᚽᚥᛅᚱᚢᚢᛔᛔᛆᚡᚽᛁᛐᛆᚼᛂᛁᚧᛁᛅᚴᚼᛁᛐᛐᚢᚦᛆᚱ

ᛋᛐᛅᚧᚥᛆᚥᚽᛁᛋᚦᛆᛂᚱᚼᛆᚽᚽᛋᚴᚱᛂᛁᚧᛐᛁᛚᚥᛆᛐᚽᛋᚦᛆᚱᚡᛂᚱᚧᛁᛋᛁᚡ

ᚢᚱᚧᚱᚡᚱᚮᚠᛘᛁᚴᛚᛆᛐᚥᛂᚡᛁᚽᚢᛘᛅᚴᚡᛂᚴᚴᛋᛁᚡᚢᚱᚧᚱᚦᛆᚱᛁᛂᚽ

ᛂᚱᚠᛆᚥᚽᛁᚱᛋᚴᚱᛂᛁᚧᛆᚥᚡᚢᛚᛚᛁᚽᚢᛒᛚᛂᛋᚼᛆᚽᚽᛂᛁᛐᚱᛁᛅᚴᚼᚱᛆᚢᛐ

ᚦᛆᛐᚠᛦᚱᛁᚱᛅᚥᛁᛆᚽᚼᚮᚠᚢᚧᛋᛁᚡᚢᚱᚧᛁᛂᚽᚱᚠᛆᚥᚽᛁᚱᛋᚴᚱᛂᛁᚧᛦ

ᚥᛁᚱᚡᚱᚮᚥᛁᛙᚦᛆᛚᛆᚡᚧᛁᛋᛁᚡᚢᚱᚧᚱᚼᛆᚽᚽᛘᛂᚧᛋᚥᛂᚱᚧᛁᛐᛁᛚᚼᛆ

ᚱᛐᛆᚥᛆᚥᚽᛁᚱᚼᚱᛁᛋᛐᛁᛋᛁᚴᛅᚴᛒᛆᚱᚧᛁᚼᚮᚠᚧᛁᛅᚴᛋᛔᛅᚱᚧᛁᛋᛁᚡ

ᚢᚱᚧᚱᚼᛚᛁᛅᛔᛅᚱᚡᚱᚮᚥᛁᚽᚽᛁᛅᚴᛋᛆᚦᛆᚼᚥᛆᚱᚱᛆᚽᛙᚽᚥᛆᚥᚽᛁᚱᚴ

ᚥᛆᚧᛋᚥᛂᛁᚽᚽᛅᚴᛋᚥᛂᛁᚽᚽᚼᚥᛂᚱᛁᚢᛘᛂᚱᛐᚢᛋᚥᛂᛁᛙᛅᚥᛒᛅᚱᛁᚽᚽᚼ

ᚥᛂᚱᚱᛆᛂᚱᛐᚢᛘᛆᚽᛙᛘᚮᚡᚱᛂᚱᚦᚢᛆᚥᛆᚥᚽᛁᚱᛆᚢᛐᛐᚦᛁᚽᛁᚽᚽᚥᚱ

ᛆᛙᛘᚿᚴᛁᛋᛐᚮᚽᛐᚢᛘᚴᛐᛁᛚᚼᛁᛆᚱᛐᛆᚼᛁᚮᚱᚱᛋᛁᚡᚢᚱᚧᚱᛐᚢᛚᚧᛁᛙ

ᚥᚽᛋᛁᚽᛋᚥᛦᚱᛁᚱᚦᚥᛁᛆᛐᚦᛆᛐᚥᛆᚱᛐᚱᚢᛆᚦᛂᛁᚱᛆᛁᚥᛅᚱᚽᛂᛋᚴᛁᚢᛆ

ᛐᛅᚱᚧᚥᛂᛁᚡᛋᛘᛆᚽᚽᛋᛘᚿᛐᛐᛁᛘᛁᚴᛁᛐᛂᚥᚼᛆᚽᚽᛒᚮᛚᚥᛆᚧᛁᛅᚥᛁᚽᛋ

ᚽᚢᛘᛘᛂᚧᛙᚥᚽᛁᚼᛆᚽᚽᚴᚥᛆᚧᚡᚮᚥᚢᚡᛐᛐᛦᚱᛂᚴᚼᛂᛁᛐᛁᛂᚽᛂᚴᚴᚡᛂᚡ

ᛁᛐᚼᛂᚠᚴᛁᚽᚽᛘᚬᚧᚢᚱᛚᛆᚢᛋᛁᛘᚮᚵᚱᚠᚮᚧᚢᚱᛂᚴᛆᚴᚴᛆᛋᛂᛘᚠᛁᚱ
ᛆᛋᛦᚽᛁᚱᛅᚵᛂᚽᚵᛂᚴᛂᛁᚽᚽᛋᛆᛘᛆᚽᚠᛆᚠᚽᛁᚱᚴᚡᛆᚧᚡᛂᛁᛙᛐᚢᛂᚠᚠᚮ
ᚧᚢᚱᚽᛂᛆᛐᛐᛆᛐᛋᛂᛘᚠᛁᚱᛆᛋᛦᚽᛁᚱᛆᚠᚼᚡᛂᚱᛁᚢᚡᛆᛋᛐᚢᚢᚽᛑᚱᛁᛆᛚ
ᛁᚽᚽᛋᛁᚵᚢᚱᚧᚱᚴᚡᛆᚧᛅᛐᛐᛂᚱᚽᛁᛘᛁᛐᛐᚴᚡᛂᚧᛂᚴᚦᛂᚱᚬᚴᚢᚽᚽᛁᚵᛐ
ᚡᛂᚱᛆᚬᚴᛘᛁᚴᛋᛁᛆᛚᚠᛆᚽᛁᛐᛋᛆᛘᛆᛋᛁᚵᚢᚱᚧᚱᛂᚴᚼᛂᛁᛐᛋᛁᚵᛘᚢᚽ
ᛑᚱᚼᛂᛐᛘᛁᚽᚽᚠᛆᚧᛁᚱᛂᚱᚼᛂᚠᚴᚦᛁᚴᚡᛆᛔᚽᚢᛘᚡᛂᚵᛁᛐᚠᛆᚠᚽᛁᚱᚴ
ᚡᛆᚧᚼᚡᛂᚱᚱᚦᛁᚴᚼᚡᛐᛐᛐᛁᚼᚡᛁᚼᚡᛂᛐᛁᛆᛋᚴᛚᛂᛙᛐᛘᛁᚽᚢᚠᛁᚮᚱᚡᛁ
ᛆᛐᚠᛆᚱᛆᛁᚽᚽᚠᚱᛆᚽᛂᛦᚵᛁᛋᚡᛂᛁᚽᚽᚦᚢᛆᛐᛐᛁᚱᚠᚮᚧᚢᚱᛒᛁᛐᚱᛆᚽᚬᛒ
ᚬᚱᚽᚢᛘᛋᚴᛁᚬᚱᛆᛋᚴᛂᛁᚧᛋᛁᚵᚢᚱᚧᚱᚴᚡᛆᚧᚼᚢᚵᚱᛘᛁᚴᚼᚡᛆᛐᛁ
ᚼᛂᚽᛑᚱᛘᛂᚱᚠᚢᛚᛖᛦᚧᚢᚬᚴᛘᛁᚽᛁᚽᚽᚼᚡᛆᛋᛋᛁᚼᛁᚮᚱᚱᚠᛆᚱᛂᚱ
ᚼᚡᛆᛐᚱᛂᚱᚼᚱᚮᚧᛆᛋᚴᛐᛂᚴᚱᛂᚠᛁᛒᛆᚱᚽᛅᛋᚴᚢᛂᚱᛒᛚᛆᚢᚧᚱᚠᛆᚠᚽ
ᛁᚱᚴᚡᛆᚧᚡᛂᛁᛐᛂᚴᛂᚠᚦᚢᚡᛆᛋᛆᚽᛅᚧᛁᚱᚠᛦᚱᚦᛁᚽᛗᚡᛁᛗᛒᚱᛁᚬᛋ
ᛐᛁᛋᛅᛁᛘᛆᚧᚱᚦᛁᚴᚡᚱᛂᛁᚧᛆᚽᚡᛂᚵᛆᚽᚢᛂᚱᛐᚢᚼᛆᚠᛐᚱᚬᚴᚼᛂᚱᚽᚢᛘ
ᛁᚽᚽᛅᚴᚡᛂᚧᛆᛒᛆᚽᛑᛁᚽᚵᛁᛆᛒᛁᚠᛆᛋᚴᛋᛁᚵᚢᚱᚧᚱᚴᚡᛆᚧᚦᚡᛁᛒᚱᛂᚵ

ᚧᚱᚦᚢᛉᛂᚱᚠᛆᚠᚿᚱᛆᛐᛐᛁᛚᚠᛆᚱᚱᛁᛋᛂᛆᚴᛉᛁᚿᚢᛉᚠᛂᚧᚱᛉᚢᚿᚢ

ᛉᛂᛁᚡᛁᛂᛉᛂᚴᚼᛆᚠᛐᚱᚦᛐᛐᛐᛂᚴᚡᚾᚱᛆᚼᛂᚱᚿᚢᛉᛁᚦᚢᚠᛆᚿᚿᛐᛐᛂᚴᛚ

ᛆᚢᛋᛚᛁᚠᛁᚠᛆᚠᚿᛁᚱᚴᚡᛆᚧᚼᛂᛁᚠᛐᛦᚱᚧᛁᛂᛁᚿᛐᛂᛚᚱᚦᚢᚦᛂᚱᛁᚼᚡᛁᚡ

ᛐᛂᛁᛗᛂᚿᛂᚴᚦᛂᚱᛋᛆᛐᛐᛐᛂᛁᛐᛐᛋᛂᚡᛁᚴᛁᛐᚡᛁᛆᛚᛚᛆᚡᚢᛚᛚᚨᚴᛁᛐᚡᛚᚨᚧᚱ

ᛆᚢᚧᛆᚠᛂᚦᛂᚱᚡᛂᚱᚧᛆᚦᛂᛁᚱᛒᛆᚢᚡᛆᚱᛆᛐᛒᛆᛗᛋᛁᚡᚢᚱᚧᚱᚴᚡᛆᚧ

ᚠᛂᛁᚱᛆᚧᛆᚡᛁᛚᛚᚠᛦᚱᚧᛆᚼᚡᛂᚱᚱᚾᛐᛁᛚᛁᚿᛋᛂᛁᛗᛐᛂᛐᚡᛋᚦᚡᛁᛐᛐᛂᚿ

ᚢᛋᛁᚿᚿᛁᛋᚴᛆᛚᛆᛗᛂᛆᚼᚡᛂᚱᚱᚠᛆᚱᛆᛐᛁᛚᚼᛂᛚᛆᚱᚼᛂᚧᛆᚿᚠᛆᚠᚿᛁᚱᚴ

ᚡᛆᚧᚿᚨᚱᛗᛂᛐᚨᛉᚦᚢᛉᚢᚿᛐᚠᛦᚱᚿᛂᛋᛁᚢᛉᚼᛆᚠᛆᚨᚴᚨᛋᚡᛁᚿᚿᛋᛆ

ᛒᛆᛁᚡᛆᛐᛁᚿᛁᚦᚢᛂᚱᚢᚴᚴᛗᚱᛂᚠᛁᚡᛁᚿᛐᛂᛁᚱᚾᚱᛆᛚᛗᛂᚱᚠᛁᛂᛁᚡᛋᚠᚨ

ᚱᛆᚧᛋᛁᚡᚢᚱᚧᚱᚴᚡᛆᚧᛋᛂᚡᚧᚢᛉᛂᚱᚠᛆᚠᚿᛁᚱᛆᛚᛚᛋᚦᛁᚴᚠᚱᚨᚧᛆ

ᚿᚴᚡᛂᚧᛆᚨᚴᚡᛂᛚᛉᛆᚱᚡᛐᚡᛁᛐᛆᚼᚡᛂᚱᛁᛆᚱᚱᚨᚦᚾᚱᚿᚨᚱᚿᛁᚱᛂᚱᛗ

ᚢᚧᚡᚻᚿᚡᛚᛆᚱᚱᚨᚨᚴᚴᛁᚨᛋᛆᛉᚾᚧᚱᚠᚱᛆᛉᚻᚡᚢᛉᚠᛆᚠᚿᛁᚱᚴᚡ

ᛆᚧᛋᚢᚿᛂᚱᛒᚨᚱᛗᚱᛉᛁᚻᚴᛋᛂᚡᛁᛂᚴᚨᚱᚿᛁᚱᚡᛂᚱᛆᛂᛁᚡᚢᛐᚦᚾᚱᚾ

ᛐᛐᛋᛆᛉᛆᚿᛋᚢᛉᛆᚱᛂᚱᚢᛆᛋᚴᚢᚿᚿᚡᛆᚱᛋᚢᛉᛆᚱᛆᛚᚠᚴᚢᚿᚿᚡᛆᚱ

ᛋᚢᛘᛆᚱᛑᚿᛐᚱᛑᚡᛆᛚᛁᛧᛋᛋᛁᚵᚢᚱᚧᚱᚴᚡᛆᚧᛋᛂᚵᚧᚢᛘᛂᚱᚦᛆᛐᚠ

ᛆᚠᛧᛁᚱᛆᛚᛚᛋᚦᛁᚴᚠᚱᛕᚧᛆᛧᚴᚡᛂᚧᛆᛕᚴᚡᛂᛚᛘᛆᚱᚵᛐᚡᛁᛐᛆᚼᚡᛂᛋ

ᛆᚼᛕᛚᛘᚱᚼᛂᛁᛐᛁᚱᛂᚱᛒᛚᛆᛧᛑᛆᚼᛁᛀᚱᛚᛂᚵᛁᛋᚢᚱᛐᚱᛕᚴᚿᛋᛁᚱᛋᛆᛘᛆ

ᛧᚠᛆᚠᛧᛁᚱᚴᚡᛆᚧᛕᛋᚴᛕᛔᛧᛁᚱᚼᛆᛧᛧᚼᛂᛁᛐᛁᚱᛂᛧᚦᛆᚱᛀᛚᛚᛋᚴᚢᛚᚢ

ᚵᛂᛁᚱᚢᛘᛚᛂᛁᚴᛆᚵᛕᚧᛒᛁᛚᚱᛀᛋᛐᛒᚱᛕᛐᛗᚱᛂᚱᚦᛂᛁᚱᛆᛒᚱᚢᚠᛆᚱᛆ

ᛕᚴᛋᚡᛁᛘᛆᛁᛘᛕᚧᚢᛘᛆᚱᛁᚱᚠᛆᚠᛧᛁᚱᚴᚡᛆᚧᚿᚵᛁᛋᚼᛁᛆᛚᛘᛒᛆᚱᛂ

ᚴᛕᚠᛆᛚᛑᛆᛋᛕᛧᚢᛘᛘᛂᚧᛆᛧᛂᚴᛕᚠᛘᛂᛧᚢᛘᛚᛆᚴᛂᛁᛧᛧᚱᛆᛘᛘᛆᚱᛁᚼ

ᚢᚵᚧᚢᛘᚴᛀᛚᛚᚢᛘᚡᛂᚱᛆᚠᛆᛧᛧᚴᛆᛂᚴᛋᚡᛆᛘᛆᚱᚵᛆᛘᛀᚵᚢᛋᛁᚵ

ᚢᚱᚧᚱᚴᚡᛆᚧᚿᚵᛁᛋᚼᛁᛆᛚᛘᚱᛒᛂᚱᚵᚱᛂᛁᛧᚢᛧᚵᛁᚼᚡᛆᚱᛋᚴᚢᛚᚢᚡ

ᚱᛂᛁᚧᛁᚱᚡᛂᚵᛆᚦᛆᚦᛆᛐᚠᛁᛧᛧᚱᛂᚱᛘᛂᚧᚠᛚᛂᛁᚱᚢᛘᚴᛂᛘᚱᛆᛐᛂᛧᚵᛁᛂ

ᚱᛂᛁᛧᛗᚼᚡᛆᛐᛆᛋᛐᚱᚠᛆᚠᛧᛁᚱᚴᚡᛆᚧᛂᛁᛐᚱᛁᛂᚴᚠᛧᚿᛋᛐᛆᛂᚱᛂᚴᛆᛆ

ᚱᚠᛁᛚᛆᛘᛁᚴᛚᚢᛘᛘᛁᛧᛋᚠᛀᚧᚢᚱᛋᛁᚵᚢᚱᚧᚱᚴᚡᛆᚧᛁᛧᛧᚠᚱᛆᛧᛕ

ᚱᛘᚱᚦᚢᚵᛂᚱᚧᛁᚱᚠᚱᚿᛋᛘᛁᚴᛚᛆᛕᚴᚵᛆᛚᛦᛐᚼᛆᚱᚧᛆᛧᚼᚢᚵᚼᛂᛁᚴᛐ

ᛆᛐᛘᛂᛁᚱᛁᚡᛂᚱᚧᚱᚼᛀᛚᚧᛆᛋᛕᛧᚢᛘᛆᛐᚦᛆᛧᛧᚼᛁᛆᛚᛘᚼᛆᚠᛁᚠᛆᚠᛧᛁᚱ

ᛘᛂᚱᛋᛔᛁᛚᛚᛁᚱᛒᛆᚢᚵᛆᛂᚠᚼᛆᚿᚿᚠᛁᚯᚱᛋᛂᚵᛆᚠᚱᛆᚿᛆᚿᛅᛐᛁᚯᚿᚿᚢᚱ

ᚴᚡᛆᚧᚦᛆᚱᛚᛁᚵᚵᚱᚱᛂᚵᛁᚿᚿᚱᛅᚧᚱᚢᛘᚡᛁᚧᛋᛁᚴᚡᛁᛚᛚᛐᛅᛚᛆᛘᚯᚵ

ᚦᛆᚿᚿᛂᚱᛐᚱᚢᛁᚱᚼᛆᚿᚢᛘᛒᛂᚱᚱᛆᚠᚱᛂᛁᚧᛁᚱᚯᚿᚵᚮᚱᚧᛋᛆᛘᛆᚿᚡᛁᛚ

ᛚᛒᚯᛚᚡᛆᛋᛘᛁᚧᚱᛒᚱᚮᚧᚢᚱᚼᛂᚠᚿᛆᛁᚿᚦᚱᛁᚧᛁᛆᚴᚡᛆᚧᚼᚯᚠᚧᛁᛋᚴ

ᛂᛘᛘᚱᛆᛚᛆᛐᛁᚼᛆᚿᚿᛁᚿᚿᚼᛆᚱᛆᚦᚢᛚᚠᛆᚱᛆᛐᛁᛚᚼᛂᛚᛁᛆᚱᚼᛂᚧᛆᚿᚯᛚᛚᚢ

ᚵᚢᛚᛚᛁᚦᛆᚴᚿᛆᚼᛆᚿᚿᛂᛁᚿᚿᚱᛆᚧᛆᚠᛁᚯᛚᚧᚦᚡᛁᛂᚱᚢᚿᛑᚠᛆᚠᚿᛁᛚᛆᛁᚿ

ᚠᛁᚮᚱᚧᛆᚴᚡᛆᚧᚼᚮᚱᛋᚴᚱᚦᛅᛐᛐᛁᛘᛂᚱᛂᚠᚼᛆᚠᛆᚴᛦᚿᚿᛁᛆᛋᛐᚱᛆᚧ

ᛘᛁᚴᛁᛐᛦᚧᚡᛆᚱᛋᛦᛋᛐᚱᛆᚼᛦᚵᚧᛁᚼᛆᚿᚿᚮᚠᛋᛁᚴᚮᚴᚼᚢᚵᛁᚿᚵᛚᛂᛑ

ᛑᛁᚦᛆᚱᛂᚱᛘᛂᚱᚢᛚᚠᛋᚡᛆᚿᛂᚱᛂᚴᛂᛦᚱᚢᛋᛂᚴᛁᚿᚠᛁᛘᛘᛐᛆᚴᚡᛆᚧᛂ

ᚱᛆᛐᛋᚡᛆᚼᚮᚱᛋᚴᚱᚼᛁᛚᛑᛁᛘᛂᛁᚧᚱᛋᛂᛘᛂᚴᚼᛂᚱᛋᛁᛆᚧᛆᚱᚼᛦᚵᚵᛁᛆ

ᛘᛦᚿᛑᛆᚴᛂᚠᚼᛆᚿᚿᛒᚱᚮᚧᚢᚱᛚᛅᛐᚱᛆᛒᚱᚮᛐᚴᚮᛘᛆᛋᚴᛂᚿᚼᛆᚿᚿᚯᚧ

ᚱᚢᛘᚼᛂᚠᛁᚱᛆᛚᛑᚱᛋᚮᚠᛋᛦᚿᛁᛐᛁᚿᛋᛂᛐᛐᛆᚴᚡᛆᚧᛘᛁᚯᚴᛂᚱᛆᛋᚡ

ᛁᚧᚱᛂᚠᚼᛆᚿᚿᛂᚿᚿᛋᛔᛆᚱᛁᚱᚠᛁᛆᚿᛑᛆᛁᚿᛆᛁᚿᚿᚠᚮᛚᚴᛋᚴᛆᛆᚦᛆᚱᛂᚱᚱᛂᚵᛁ

ᚿᚿᛚᛁᚵᚵᚱᛂᚱᚼᛆᚿᚿᚱᛆᚧᛁᚿᚿᚼᛂᚠᚱᚴᛆᚿᚿᛆᛐᚼᛆᚿᚿᚡᛁᚧᛋᛚᛁᚴᚢᛆᛐᛋ

ᚵᛄᚱᚡᛆᚿᚮᚱᚮᛑᛄᚴᚴᚢᛘᚮᚵᚿᛆᚱᛚᛁᚮᛘᛆᚡᛂᛁᛐᛂᚴᛆᚠᛁᛆᛚᛚᛁᚠᚮᛚ

ᚴᚡᛁᛐᚱᛋᚮᚠᛆᚮᚴᛚᛂᛁᚴᚱᛦᚠᛁᚱᛚᛁᚿᛑᛆᚱᚡᛆᚧᛁᛦᚵᚵᚱᛋᛐᛆᚴᚴᚦ

ᚮᚱᚿᛁᛆᚧᚱᛆᚠᛂᛚᛚᛑᛁᚼᛄᚱᚵᛂᚠᚿᚼᛆᛚᛁᛂᚿᚼᛆᚠᛆᚡᛁᛚᛑᛁᚴᚿᛆᛐᛐᚢᛘᛄ

ᚵᚱᛋᛂᛆᛘᛂᛦᚢᚿᛑᚼᛁᛆᛚᛘᛁᚦᛆᛂᚱᚠᚱᛆᚡᛁᚵᛁᚡᛁᚿᚵᛋᚴᚮᚱᚿᛁᚱᛂᛁᚧ

ᛘᛆᛆᛐᛋᛁᚵᚱᛑᚱᛁᚠᛆᚱᛋᚡᛂᚠᚿᛁᛒᚱᛂᚵᚧᛆᛋᚴᛁᛄᛚᛑᚢᚿᚵᛆᚿᛁᚧᚱᚠ

ᛦᚱᛋᚴᛄᛔᚢᛘᚿᚮᚱᚿᛆᛋᛁᚵᚢᚱᚧᚱᚱᛂᛁᚧᛂᚠᛐᛁᚱᛋᛚᚮᚧᚠᛆᚠᚿᛁᛋᛐᛁ

ᛚᛒᚾᛚᛁᛋᚼᛆᚿᛋᚮᚴᚠᛆᚿᚿᚦᛆᛐᚮᛔᛁᛐᚮᚴᚼᚢᚱᚧᛁᚱᛆᚠᛁᛆᚱᚿᛁᚮᚴᚵᚾᛐ

ᛐᛁᛆᚠᛁᛆᚱᚿᛁᚡᛆᚱᚢᚮᚴᛆᛚᛚᛁᚱᛐᛁᛘᛒᚱᛋᛐᚮᚴᚴᛆᚱᛁᚼᚢᛋᛁᚿᚢᛂᚿᚵ

ᚱᛆᚠᛁᛐᛁᛁᛄᚱᚧᚿᛁᚧᚱᚦᛆᚱᚠᛆᚿᚿᛋᛁᚵᚢᚱᚧᚱᛋᛐᚮᚱᛘᛁᚴᛁᛐᚵᚢᛚᛚᚮ

ᚴᚠᛦᛚᛚᛑᛁᚦᛆᚱᛐᚡᚾᚱᚴᛁᛋᛐᚢᚱᚦᛆᚱᛐᚮᚴᚼᛆᚿᚿᚾᚵᛁᛋᚼᛁᛆᛚᛘᚮᚴ

ᚵᚢᛚᛚᛒᚱᛦᚿᛁᚢᚮᚴᛋᚡᛂᚱᚧᛁᛐᚼᚱᚮᛐᛐᛆᚮᚴᛘᛆᚱᚵᛆᛑᛦᚱᚵᚱᛁᛔᛁᚮ

ᚴᚴᛚᛦᚠᛁᛆᚧᛁᚦᛆᚱᛘᛂᚧᚵᚱᛆᚿᛆᛂᚿᚼᛂᛋᛐᚱᛁᚿᚿᚡᛁᛚᛑᛁᛂᛁᚵᛁᚠᚱᛆᛘ

ᚵᛆᚿᚵᛆᚠᛦᚱᚱᛂᚿᛋᛁᚵᚢᚱᚧᚱᛋᛐᛂᛁᚵᛆᛒᛆᚴᚼᛆᚿᚢᛘ

ᛋᛁᚡᚢᚱᚧᚱᚱᛁ•ᛁᚧᚢᛔᛔᛁᚼᛁᛐᛆᚱᚡᛁᛆᛚᛚᚮᚡᛋᛆ•ᛁᚡᚴᛆ•ᛁᛋᚢᚧᚱᛐᛁᛚ
ᚡᚱᛆᚡᚡᛚᛆᚴᛐ•ᛋᛆᛘᛁᛆᛚᛚᚴᚢᛋᛆᚼᛆᚴᛚᛁᚮᛋᛘᛁᚡᛁᛐᛋᚡᛆᛋ•ᛘ•ᛆᛘ
ᚱᛒᚱᛦᚴᚴᛁᚮᚡᛚᛁᚮᛘᛆᚧᛁᛆᚡᛐᛁᛚᚼᛁᛘᛁᚴᛋ•ᚴᛆᚱᚼᛆᚴᚴᚡᚮᛘᛆᛐᚦᛆᛋ
ᚮᚦᚦᛆᚱᛋᚡᛁᛆᛚ•ᛒᚮᚱᚡᚮᚡᚢᛔᛔᚮᚱᛘ•ᚱᚡᛁᛋᛁᚡᚢᚱᚧᚱᚡ•ᚡᚡᛁᛋ
ᚡᛁᛆᛚ•ᛒᚮᚱᚡᛁᛘᚮᚡᛋᛆᛆᛐᚦᛆᚱᛚᛆᛘᛆᚧᚱᚮᚡᛋᚡᛆᚡᛘ•ᚧᚯᛚᛚᚢᛘ
ᚼ•ᚱᚡᛆᛒᚴᚢᛘᚼᛆᚴᚴᛐᚮᚡᚡᛦᚱᛋᛐᚼᛁᛆᛚᛘᛁᚴᛘᚡᚼᚯᚡᚦᛁᚼᛆᚴᚢᛘ
ᚦᛆᛋᛆᚼᛆᚴᛘᛆᛐᚦᛆᛐᚡᛆᚱᚡᚮᛘᛒᚱᛦᛁᛆᚴᚡᛆᚱᚡᚯᛋᛐᛋ•ᛘᚼᚮᛆᚡ
ᚴᚱᛁᚼᚮᛚᛐᚡᚱᚮᛁᚴᚦᛆᚱ•ᛋᛐᚼᛆᚴᚴᛘ•ᚧᚡᚱᛆᛘᚡᚱᛆᚼᚯᚡᚢᚦᛋᛘᛆᛐ
ᛐᛒᚱᛦᚴᛁᚢᛘᛁᚡᚯᚡᚴᚢᛘᚴᛁᚧᚱᚮᚡᛋᚡᛆᚢᛐᛁᚡᚯᚡᚴᚢᛘᛒᛆᚦᛆᚱ•ᚱ
ᛘᛆᚱᚦᛆᛐᚮᚡᚼᛆᚴᚴᛒᚱᛦᚴᛁᚢᛆᚡᚼ•ᚴᛁᛁ•ᚴᚼᚮᚴᚡᛆᚡᛘᚧᛁᚮᚡᛋ•ᛐᛐ
ᛋᛐᚼᚮᚴᚢᛔᛔᚮᚡᛋᛆᛋᛁᚡᚢᚱᚧᚮᚡᛘᛐᛘᛁᚼᚡᛆᛐᛒᛁᛐᛒᚱᛦᚴᛁᚢᚼ
ᚡᛁᛒᚱᛆ•ᚡᛋᚡ•ᚡᚴᛁᚼᚡ•ᚱᚱᚡ•ᛚᛘᛐ•ᛆᚡᛘ•ᚱᚡᚯᛚᚡᛆᚱᛘᚢᚦᛁᚱ
ᚼᛆᚴᚴᛘᚡᛆᚱᛆᚦᛁᛋᛁᚡᛘᚢᚴᛐ•ᛐᚱᛒᚢᚱᚱᛋᛚ•ᛁᛐᚡᛦᚱᛋᚡᚯᛘᛘᚢᚼ
ᚱᛆᚡᚴᚼᚱᛆᛚᚢᚴᛐᛁᚱᚼᛁᚯᚱᚱᛋᛁᚡᚢᚱᚧᛆᚱᚼᚮᚴᚡᚡᛆᚧᛚ•ᚴᚡᛁ•ᚡᛋ

ᛅᚱᚮᚠᚼᚢᚵᚧᛁᚼᚱᚮᚠᛐᚱᛆᚠᚦᛂᛁᛘᛚᛂᚵᛁᛂᚱᛚᛂᚴᛁᛐᚼᛆᚠᚧᛁᚮᚱᚼᛆᚢ

ᛋᛁᚼᛂᛁᚧᛑᚱᛆᚢᛔᚿᛁᛋᚮᚴᚮᚱᚼᚮᚱᚿᛁᚼᚮᛑᛑᚱᚮᚠᚿᛁᛋᛆᛒᛁᛆᚱᚵᛁᛋᛐᚮ

ᚧᛘᛂᚧᛒᚱᛁᛘᛁᛋᛂᚵᚵᛁᛆᚱᚼᛆᚠᚧᛁᛋᛂᚱᛆᚼᚬᚠᚧᛁᚼᛁᛆᛚᛘᚦᛆᛘᛅᛖᛁ

ᛘᛁᛘᛁᛋᚼᚬᚠᚢᚧᚠᚱᚮᚧᛚᛁᚵᛐᛁᛐᚠᛦᚱᛋᛐᛆᚮᚱᚧᚮᚴᛋᛆᚵᚧᛁᛋᛆᚿᚿ

ᛆᛋᛐᛆᚠᛁᛆᛋᚴᛁᛖᛂᛁᚴᚡᛆᚧᚱᛁᛋᛐᛖᚱᚦᛂᛁᛘᛂᚱᛋᛐᛂᚿᛑᚱᚠᛦᚱᛋᚴᛁ

ᛖᚿᛑᛁᚵᚮᚧᛁᛆᛂᛦᚱᛆᛆᚱᚡᛆᚴᚱᛋᚮᚴᛆᛆᛚᛋᚡᛁᚿᚿᛋᚼᚮᚠᛁᛆᚦᚡᛁᚼᚡ

ᛂᛚᛂᚱᛋᚿᛦᛋᚴᚢᚿᛑᛁᚱᚱᛂᛁᚧᚼᚱᚢᚿᚵᚿᛁᛋᛆᛋᛚᛂᛁᛔᚿᛁᛋᛐᚬᚿᚿᚢᛘᚮ

ᚴᛆᛋᛚᛂᚧᛆᚠᛁᚬᛐᚱᚢᛘᛆᛒᛁᛆᚱᛖᚱᚼᚱᛆᛘᛘᛁᚮᚴᛆᛒᚱᛆᚵᛆᛐᚢᚿᚵᚢ

ᛆᚢᛚᚠᛋᚴᛚᚮᚢᛘᚮᚴᛆᛆᚱᛖᚱᚿᛂᚠᛁᛆᛒᛚᚮᚧᚵᚢᛘᚡᛅᚿᚵᛁᚢᛘᚮᚴᛆ

ᛒᚱᚢᛆᚱᛋᛔᚮᚱᚧᛁᛆᛚᛆᚢᛋᛖᚱᛚᚮᚠᛆᚮᚴᛆᛚᛁᚴᛖᚱᛋᛔᚮᚱᛁᛆᚵᛚᛂᚱ

ᛁᚮᚴᛆᚵᚢᛚᛚᛁᚮᚴᛆᚵᚢᛘᛖᚼᛂᛁᛚᛚᚢᛘᛁᚡᛁᚿᛁᚮᚴᛁᚡᛁᚱᛐᚱᛁᚮᚴᚡᛁᛚ

ᛁᛋᛂᛋᛋᛁᛆᚵᚢᚵᚿᛁᛋᚮᛑᛑᛁᚮᚴᛆᚵᚱᛆᛖᛒᚱᛁᚮᛋᛐᛁᛆᚿᚮᚱᛖᚱᛖᚵᛚᛁ

ᚮᚴᛆᚿᛂᚠᛁᚢᚵᛚᚢᛆᛚᛚᛆᚱᚡᛆᚱᚢᛆᚠᛋᚴᛆᚠᛖᚱᚦᛅᚱᛂᚱᚡᛆᚱᚢᛆᚱᛁ

ᛋᛐᛖᚱᚮᚴᚼᚡᛂᚱᚠᚧᛆᚱᚡᛁᚧᛁᚿᚿᚼᛂᛚᚵᛆᛘᛁᚬᚧᚮᚴᛋᛂᚿᛑᛆᚱᛆᚡᛁᚧ

ᛆᛐᛐᚱᛦᚵᚵᚧᚱᚭᚠᛁᛆᚱᛘᚱᛂᚱᚡᛆᚱᛆᚡᛆᚱᚵᚱᚦᛆᛐᚱᛅᚧᛂᚴᚦᛂᚱᚦᚱ
ᛁᚧᛁᛆᛆᛐᚦᚢᚦᛁᚿᚵᛁᛆᛑᛂᛁᛚᛁᛐᚡᛁᚧᚼᛂᛁᛘᛋᚴᛆᚼᛆᛚᛁᚦᚡᛁᛆᚧᚭᛋᚡᛁᚧᚱ
ᛘᛆᚧᚱᛚᛅᛐᚢᚱᚭᚠᛐᚴᚡᛂᚧᛁᚿᚡᛂᚱᚱᛁᚭᚱᚧᛂᚿᚡᛁᛐᛆᛚᛖᛂᚱᚡᛆᚿᛐᛂ
ᚠᚦᚢᚡᛁᚧᚦᛂᚵᛁᚱᚦᛆᚦᛦᚴᚴᛁᚱᚦᚢᛘᛂᚧᛒᛚᛂᛦᚧᛁᛒᚭᚱᛁᚿᚿᛂᚧᛆᛋᚮᚿ
ᚿᚢᛋᛆᚵᚧᚱᚼᛅᛐᛐᚱᛂᚱᚼᛂᛁᛘᛁᛋᚴᚡᛁᚧᚱᚿᛂᛘᛆᛋᛂᚱᚵᚭᚧᛆᚿᚵᛂᛁᛆᚿ
ᚿᛆᚱᛋᛑᛆᚵᛋᛚᛆᛐᛐᚢᚼᛆᚿᛋᚮᚿᛑᚢᚠᛆᚱᛁᛐᚭᚴᛚᛆᚢᚿᛆᛋᚡᛆᛚᛦᚧᚢᛘ
ᛚᛦᚵᛁᚦᛆᛐᚱᛅᚧᛂᚴᚦᛂᚱᛁᛐᚠᛁᚭᚱᚦᛆᛂᚠᛒᛦᚱᚠᚭᚱᛑᛅᚧᛆᚡᛆᛘᛘᛆ
ᚠᚢᛚᛚᛆᚡᛂᚵᛁᚵᛆᚿᚵᛆᛂᚱᛒᛂᛐᚱᛆᛂᚿᚵᛁᛋᚴᛁᛆᛋᛂᚦᚭᛐᛐᚦᛁᚴᚿᚭᛐᛐᚭᚠ
ᚿᛂᛘᛁᚠᚭᚱᚿᛁᚭᛋᚿᛆᚱᛆᚢᚵᚢᚦᚢᚱᚠᚢᚠᛁᚱᛆᛋᛦᚿᛆᚱᚼᚡᛆᚱᛋᛋᚴ
ᚢᛚᚢᚡᚱᛂᛁᚧᛁᚱᚡᛂᚵᛆᚭᚠᛐᛒᚮᛚᚡᛁᛋᛆᚱᚴᚭᚿᚢᚱᛋᛁᛐᛐᛆᛒᚱᛆᚢᛐᚢ
ᚿᛅᚱᚦᛅᚱᛂᚱᛑᛂᛦᚴᛆᛋᚡᛂᚱᚧᚭᚴᛋᛂᚠᛆᚦᛆᛐᚱᛅᚧᛂᚴᚦᛂᚱᛐᚠᛁᛘᛘ
ᛐᛆᚦᚭᛐᛐᚢᚠᛆᚵᚱᛆᚱᛋᛂᛁᚱᛒᚱᚢᚧᛁᚱᛒᛂᚴᚴᛁᚢᛘᛆᛋᛁᚠᛁᛆᛋᛁᛚᚠᚱ
ᛚᛆᛐᛆᚧᚢᚦᛁᚿᚢᛘᛋᚡᛂᚠᚿᛁᚱᛆᚧᛆᛐᛂᛦᚵᛁᛆᛐᛐᚢᚦᛂᚱᛆᛐᚴᚭᛋᛋᛁᚴᚭ
ᚿᚢᚱᚦᛆᛐᚱᛅᚧᛂᚴᚦᛂᚱᛁᛐᛋᛂᛐᛐᛆᚦᚭᛐᛐᛘᛂᚧᛋᛂᚵᚵᛁᚢᛘᚠᛆᚱᛁᚮᛚᚧ

ᛒᛐᚽᛁᛂᚧᛐᚼᛐᚠᛁᚱᚦᚢᚠᛂᛚᛚᛂᛐᚽᚠᚯᚧᚢᚱᚢᛚᚠᚱᛂᚱᛁᚢᚽᚡᚢᛘᛋᛦᚽ
ᛁᚦᛅᛋᛂᚼᛐᚽᚽᚡᚢᛚᛚᛁᚡᛚᛐᛐᛂᚱᛋᛐᚴᛐᚱᛅᚴᚼᛂᛁᚠᛐᛁᚱᚼᛦᚡᚡᛁᛐᛐᛋ
ᚡᛂᚠᚽᚡᛐᚱᚡᛂᚱᛐᚽᛂᚼᛐᚱᛘᛁᚽᚼᛂᛖᚱᚡᛁᛐᛋᛅᚴᚡᛐᛒᚼᚡᛐᚽᛐᛂᚱᛁ
ᚯᚠᚱᛁᛐᛐᚠᛐᚦᛂᛁᛘᛂᚱᛋᚴᛐᛚᚠᚱᛂᛘᛋᛐᚱᛘᛂᚧᚠᛁᚱᚢᛘᚦᛐᛐᚱᛆᚧᛂ
ᚴᚦᛂᚱᛁᛐᛂᛚᛚᛁᚠᛐᛐᛐᚦᚢᚡᛁᚧᛁᛚᛚᚢᛋᛂᛁᚱᚼᚡᛂᚱᚽᚡᛂᚡᛐᛐᚡᛁᚽᛁᛚᛐ
ᚽᚡᛐᛚᛁᚠᚦᛦᚴᚴᚴᛁᚢᛘᚴᛐᚴᛚᛅᚠᚧᚢᚽᚡᛋᚡᛁᛐᛐᚱᚯᛘᛘᛂᚱᚢᚱᛅᚡᛅ
ᚠᚱᛁᛋᛁᚽ

ᛂᛑᚱᛙᛘᛐᛐᚾᛋᛐᛋᚴᛂᛆᛁᚽᚱᚧᛐᛐᛋᚴᛁᛐᛚᚨᛐᚭᚴᚼᛐᚱᛚᚭᚡᛁᚩᛁᚧᚼᛁ

ᛘᛆᛁᚡᛆᚾᚨᛐᚨᛐᚱᛐᚱᛂᛦᛋᛐᛁᛋᚴᚦᛐᚱᚠᛦᛚᚴᛁᛋᚱᛂᚴᚴᛐᛂᛚᛑᛐᚱᛁ

ᚧᛆᛂᛦᚨᛁᚱᛋᛐᛁᚡᛐᛋᛁᚡᚢᚱᚧᚱᚡᚱᛐᛙᛋᚩᛂᚱᚧᛁᚴᛂᛦᚱᚧᛁᛂᛚᚱ

ᛋᛚᚭᚴᛙᚧᛁᚠᛦᚱᛁᚱᚽᚧᛚᛁᛆᚡᛁᛚᚭᚡᛐᛚᛚᚱᛚᚾᚡᚧᛁᛋᚴᚠᛦᚱᛁᚱᛚᚭ

ᚨᚡᛁᚽᚱᛆᚢᛘᛒᛚᛁᚴᚢᚱᛂᚧᛁᛂᚱᚱᛂᚡᛁᛆᛙᛐᛐᛁᛒᚱᛦᛆᚼᛁᛚᛂᚱᚴᚩᛐᚧ

ᛋᛁᚡᚢᚱᚧᚱᚩᛐᛐᚭᚱᛘᛁᛂᛆᚦᛐᛋᛁᚧᛐᛆᛘᚢᛆᛂᛆᚡᚢᛘᚠᛦᚱᛙᛋᚴ

ᛘᛂᚧᛐᛆᚽᛚᛑᛚᛁᚨᛁᚱᛂᛆᚼᛚᛦᚱᛁᚦᛁᛆᛆᚼᚩᛐᚱᚴᛁᚦᚭᚱᚧᛁᛂᛚᛑᛐᚱᛁᚧᛐᛆ

ᛂᛦᚨᛁᚱᛋᛐᛁᚡᛐᚢᛐᚡᛂᚴᚴᛋᛁᚡᚢᚱᚧᚱᛐᛆᛑᛋᛒᛁᛐᛚᛚᛁᚠᚱᛐᚼᚭᛚᛚᚩᛁ

ᛆᚱᛚᚭᚠᚧᛐᚭᚴᚼᛆᛁᛒᛙᚧᛁᛋᚩᛐᛐᛐᚡᛐᛆᚡᛐᛙᛘᚡᚢᛆᛙᚱᚠᚢᛋᚢᛘ

ᛋᚢᛆᛑᚱᚭᚨᛋᛁᚧᚢᚱᛋᛂᚱᚴᚱᛁᛐᚱᛆᚭᚨᛁᛆᛆᚼᚽᚡᛆᛁᚴᚩᛐᚧᚼᚩᛐᛐᚼᛂ

ᚨᛁᚱᛋᛁᚡᚢᚱᚧᚱᛐᛁᛚᛋᛐᚴᛐᚢᛆᛆᛐᛂᚱᚦᚢᚠᚱᚾᚴᛙᛆᚩᛁᛚᛚᚨᛁᚽᚱ

ᚩᛁᛆᚾᛘᛐᚡᚢᛆᛙᚱᚴᚩᛐᚧᛘᛂᚱᚼᛂᚨᛁᚱᛋᛁᚡᚢᚱᚧᚱᛋᛂᛚᛑᛁᛂᛁᚧᛐᛂᛁ

ᚧᛐᛋᛂᛚᛑᛐᛐᛚᛚᛐᛚᚭᚡᛙᚦᛐᚩᛂᛙᛁᚼᛐᛆᛆᛘᛁᚴᛂᚱᚼᛐᛆᛆᚩᛂᚱᛐᛋᚴᛦᛚ

ᛑᛐᛚᛚᚱᛐᛂᛁᚧᛐᛂᛁᛆᛆᚠᚢᛚᛙᚱᚢᛁᚼᚽᚡᛆᛁᚴᚩᛐᚧᚦᛁᚴᚼᛂᚨᛁᚱᛒᚱᛦᛆ

ᛐᚼᛆᚿᚿᛋᚡᛆᚱᛂᚧᛁᚵᛁᚢᚴᛆᛆᚱᚠᛁᚭᚴᚵᚭᛐᛆᛘᛂᚿᚵᛁᛂᚱᚼᛆᚿᚿᚠᛁᛘᛘ

ᛋᚭᚿᚢᛆᛐᚠᚭᛚᚴᚱᚾᚧᛁᚵᚢᚿᛆᚱᚠᚢᛋᛆᚵᛂᛐᚿᛆᚼᛆᚠᚧᛁᚼᛚᚭᚦᛆᛒᚱ

ᛦᚿᚼᛁᛚᛑᚱᛒᚾᚱᛆᛚᛚᚱᛑᚢᚿᚧᛁᛂᛁᚿᚢᛋᛁᚿᚿᛁᛆᚠᚬᛚᛚᚢᛘᚼᚢᚵᛚᛂᚿᚵᛁ

ᛋᚴᚢᛚᚢᚧᚿᛁᚭᛐᛆᛚᛆᚿᛑᛆᚭᚴᚦᛂᚵᚿᛆᛂᚱᚦᛂᚱᚠᚱᚾᚴᚿᛆᚿᚵᚱᛆᛘᚠᛆᛚ

ᛚᛆᛚᛂᛐᚢᚧᚦᛆᚴᚡᛆᚧᚦᛆᛐᚵᚢᚧᚱᚢᚿᚵᛁᚢᚴᛆᛑᚭᛐᛐᛁᚱᛘᛁᚬᚴᛘᚾᛚᛁᚱ

ᚦᚢᛘᛁᚴᛚᛆᚱᚠᛁᚱᚿᛆᚱᚵᚱᛆᛘᛁᚱᚼᛆᚠᛁᚵᚢᚿᛆᚱᚵᚬᛐᚡᛆᚧᛋᛁᚵᚢ

ᚱᚧᛆᚱᚼᛂᛁᚠᛐᚵᛁᛆᚱᚿᛋᚼᚢᚵᛆᚱᚼᛂᚠᚿᛐᛋᚴᛆᛚᚡᛂᚱᚧᛆᚠᚱᛆᛘᚡᛆᚱ

ᚴᚡᛂᛚᛑᛆᚠᛁᚬᛚᚧᚡᛆᚱᛑᚱᚢᚴᚴᛁᛐᚦᛆᚡᛆᚱᚼᚡᛁᚡᛂᛐᚿᛆᚡᛁᛚᛘᛆᛚᛐᛆ

ᛚᛁᚧᛋᚭᚠᚿᚢᚧᚢᛆᛚᛚᛁᚱᛂᚱᛁᛋᚾᛁᚿᚵᚴᚭᛘᚢᛂᛁᚿᚿᚡᛆᚴᚧᛁᚵᚢᚿᛆᚱ

ᚱᚬᛚᛚᚢᛘᛚᛂᚿᚵᚱᚠᚭᛐᚿᛆᛘᛆᛐᚼᚱᚾᚱᛆᚠᛁᚬᛚᚧᚿᛆᛘᛆᛐᛋᛔᛁᛆᛚᛚᛆᚼ

ᛁᛐᛐᚼᛂᚱᚵᛚᚬᛐᚢᚧᚱᚼᛦᚵᚵᛁᛆᛐᛂᚧᛁᚼᚡᛆᛐᚦᛂᛁᚱᛁᛒᚬᛚᚡᛁᛒᛆᚧᛁᚱᛋ

ᚬᚡᚧᚢᚼᚱᛆᚠᚿᛂᛦᚭᚴᚬᚱᚿᛂᚱᚦᛂᛁᚱᚼᛂᛁᛘᚱᛁᚧᚢᚡᛆᚴᚿᛆᚧᛁᛒᚱᛦᚿᚼ

ᛁᛚᛑᚱᛒᚢᚧᛚᛆᛑᚭᛐᛐᛁᚱᛑᛁᛋᛋᚴᛁᚬᛚᛑᚢᚿᚵᛆᚠᛦᚱᛑᛆᚵᛚᛁᛐᛚᚢᚼᚡᛂ

ᛐᛁᚧᛘᛁᚴᛂᚧᛆᛚᛂᛐᛁᚧᛘᛁᚴᚼᛆᚱᛘᚱᛂᚱᚢᚿᚿᛁᚿᚿᛋᚭᚱᚵᛆᛐᛋᛂᚵᛁᛆᛂᚧᛆ

ᚵᚢᚱᚧᛆᚱᛅᚴᚡᛁᚴᚱᚼᛂᚱᛋᚡᛆᛐᛁᛚᛋᛂᛘᚦᛂᛁᚱᛑᚱᚾᛔᛁᚼᛆᚿᚿᚢᛐᛁᛂᚿ

ᛋᚢᛘᛁᚱᛋᛂᚵᛁᛆᛋᚡᛆᛆᛐᚦᛂᛁᚱᛑᚱᚾᛔᛁᚼᛆᚿᚿᛁᚿᚿᛁᛁᚱᛂᚴᚴᛁᚢᛋᛁᚿᚿᛁ

ᛋᛅᚠᛆᚿᛑᛆᛂᚿᚦᛦᚧᚡᛂᚱᛋᚴᛁᚱᛘᛂᚿᚿᛋᛂᚵᛁᛆᛋᚡᛆᛆᛐᚦᛂᛁᚱᛑᚱᚾᛔᛁ

ᚼᛆᚿᚿᚢᛐᛁᛁᛋᚴᛅᚵᛁᛅᚴᛋᚡᛆᛋᛂᚵᛁᚱᛁᚵᚢᚧᚱᚢᛗᚱᚴᚡᛁᚧᚢᛁᚿᚿᛁᚠ

ᛅᚱᚿᚢᛆᛐᛋᛁᚵᚢᚱᚧᚱᛅᚴᚵᛁᚢᚴᛆᛋᛦᚿᛁᚱᚼᛂᚠᚧᛁᛐᛁᛚᚦᛁᚿᚵᛋᚱᛁᚧᛁ

ᛐᚦᛆᛂᚱᚼᛆᚿᚿᚡᛆᚱᛑᚱᛂᛔᛁᚿᚿᛂᚿᚦᛆᛐᛋᛂᚵᛁᛆᛆᛚᛚᛁᚱᛂᛁᚿᚿᛁᚵᛆᛐᚦᛂᛁᚱᛋ

ᚡᛁᚴᚢᚼᛆᚿᚿᛁᛐᚱᛦᚵᚵᚧᛅᚴᚡᛅᚵᚢᛆᛐᚼᛆᚿᚢᛘᛚᛁᚵᚵᛁᛆᚿᛑᛆᛅᚴᛅᛒ

ᚢᚿᚢᛘ

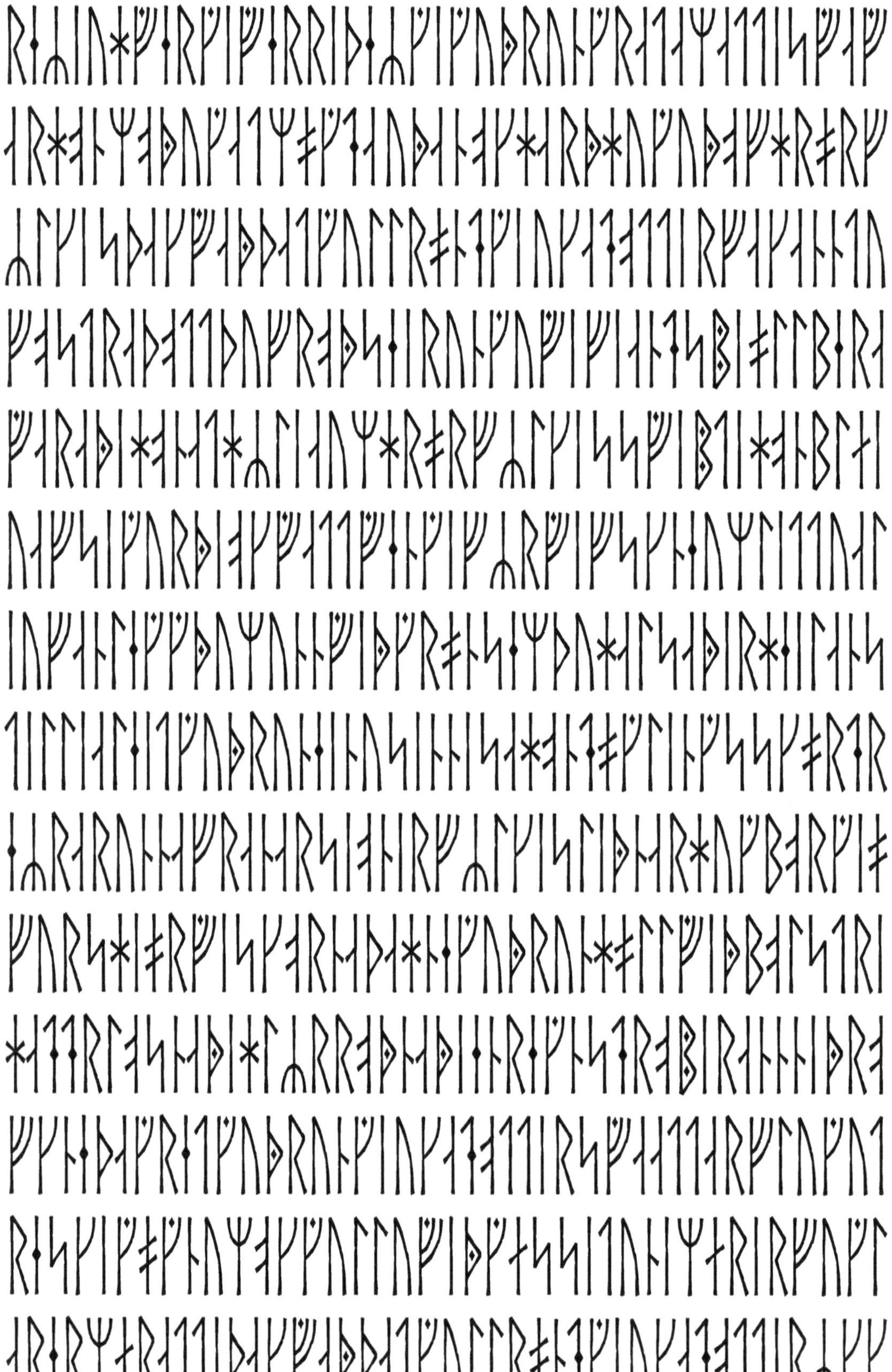

ᚱᛆᚱᚡᛁᛋᛋᛆᛂᚴᛆᛋᛐᛁᚱᛘᛂᛋᛐᛆᚱᛘᛆᚿᚿᛆᛆᛚᛚᚱᛆᚠᛦᚱᛘᚮᛚᛑᚮᚠᛆ

ᚿᚢᚿᚧᛁᚱᚦᛆᚼᚡᛆᚱᚴᛁᚢᛐᛁᚿᛂᛁᚿᚿᛁᛋᛦᛋᛐᛁᚱᛘᛁᚿᚿᛂᛘᛆᚼᛁᛆᛋᛁᚵᚢᚱ

ᚧᛁᚵᚢᚧᚱᚢᚿᚴᚡᛆᚧᛋᚡᛆᚡᛆᚱᛘᛁᚿᚿᛋᛁᚵᚢᚱᚧᚱᚼᛁᛆᛋᚮᚿᚢᛘᚵᛁᚢ

ᚴᛆᛋᛂᛘᚡᛅᚱᛁᚵᛂᛁᚱᛚᛆᚢᚴᚱᚮᚱᚵᚱᛆᛋᛁᚡᛆᛪᛁᚿᚿᛂᚧᛆᚡᛅᚱᛁᛒᛁᛆᚱ

ᛐᚱᛋᛐᛂᛁᚿᛆᛒᛆᚿᛐᛑᚱᛂᚵᛁᚿᚿᛁᛆᚱᚴᚿᛆᛋᛐᛂᛁᚿᚿᛦᚠᛁᚱᚯᚧᛚᛁᚿᚵᚢᛘᛂ

ᚴᚦᚮᛐᛐᛆᚮᚴᚦᛁᚮᚧᛆᚿᛋᚱᛂᚴᚴᚢᛘᚼᚡᛂᚱᚱᛁᚼᛅᚱᛁᚼᛂᚱᛁᛆᚿᛋᛑᛁᛋᛁᚿ

ᚢᛂᛘᛂᚴᛋᚡᛆᛚᛁᛐᛁᛚᛋᛂᛘᛚᛆᚢᚠᛋᛂᛁᚮᚠᛐᛁᛁᚯᛚᛋᛐᚱᚢᛘᛆᛐᛁᚯᚠᚢ

ᚱᛑᛆᚢᚧᛆᚿᛋᛆᚴᚿᛆᛂᚴᛁᛋᛂᛋᛋᛁᚮᚴᛁᛋᛅᛁᚿᚵᚢᛘᛁᚿᛋᛘᛆᛚᚡᛁᚿᛆᚱᚡ

ᛆᛚᛑᛆᛘᛂᚵᛁᚱᚵᛁᚢᚴᛆᚡᛆᛚᛑᛆᛘᛂᚵᛁᚱᚵᛁᚢᚴᛆᛘᛁᚿᚢᛒᚯᛚᚡᛁᚮᚴᛋ

ᛦᛋᛐᚢᚱᛋᛁᚿᚿᛆᚱᛋᛆᚱᚢᛘᚵᚱᛆᛐᛁᛋᚡᛆᛂᚱᚮᚠᛚᛦᚧᛆᛚᛆᚿᛑᛁᛂᛦᚧᛁ

ᚧᛋᛂᛘᛂᚱᚮᚠᚢᚿᚿᚢᚧᛂᛁᚧᛆᛋᚡᛆᚱᚧᛆᛘᚢᚿᛆᚦᚢᚵᚢᚿᚿᛆᚱᚱᚵᚢᛚᛚ

ᛋᚮᚠᚿᛁᚮᛐᛆᚦᛂᛁᚱᛘᚢᚿᚢᚦᛂᚱᛒᛆᚢᚵᛆᚱᛆᛐᛒᛆᚿᛆᚡᛂᚱᚧᛆᛂᚱᚦᚢᛋᛁ

ᚵᚢᚱᚧᛁᛋᚡᛆᚱᚧᛁᚱᛂᛁᚧᛆᚮᚠᛐᚡᛆᚱᛁᛐᚢᚿᛁᛐᛂᛁᛐᛁᛘᛂᛁᚱᛁᚦᛆᛂᚱᛘᛁᚿᚿ

ᛋᛁᚵᚢᚱᚧᚱᛋᚯᚧᛚᛆᚧᛁᚵᚱᛆᚿᛆᚮᚴᚦᛂᛁᚱᛒᚱᛦᚿᚼᛁᛚᛑᛆᚱᛒᛁᚧᛁᛆᚠᚮ

ᚱᚢᛆᚱᛘᛆᚱᚡᛂᛐᛐᛆᚱᛁᛚᛚᚢᚼᛂᛁᛚᛚᛁᚦᛆᚠᚡᛆᚧᚦᛆᛐᛒᚱᛦᚿᚼᛁᛖᛂᚱᛒ

ᚢᚧᛚᛆᛐᛂᛅᛐᛐᛁᚱᚡᚽᚿᛋᛂᛋᚢᚡᛂᛐᛐᚱᚡᛂᚱᛋᛅᚠᛒᛆᚱᛗᛂᚱᚦᛁᚠᚡᚢᚧ

ᚱᚢᚿᚡᚱᛆᛐᛋᛅᚠᛒᛂᛁᛐᛑᛁᛅᚠᚦᛂᚱᛁᛘᛅᚱᚡᚢᚿᛘᛆᛚᚱᚢᛗᚱᚡᛆᚠᚦᛆ

ᚠᚡᛆᚧᚦᛆᛐᚡᚢᛚᛚᚱᚽᚿᛑᚡᛁᚢᚠᛆᛐᛅᛐᛐᛐᛁᚱᚦᛂᚡᛁᚦᚢᚦᛁᛅᚧᛚᛂᚧᚦᛂᚱ

ᛆᛅᚱᚧᛆᛁᚢᚱᚧᚱᚽᚧᛚᛁᚿᚡᛆᚼᛂᚠᛁᚱᚦᚢᚾᚡᛂᚱᛁᛐᚱᛂᚠᚱᚦᛁᚠᛆᛖᛂᛆᚼᚡᛂ

ᚱᛁᛚᛚᚱᛆᛁᚱᛋᚠᛂᛔᚿᚢᛋᛅᚱᚡᛋᛆᚱᛆᛋᛁᛆᚢᚠᛅᚿᚢᚿᚡᛆᛅᚠᚡᛁᚿᛋᛔᛂᛚ

ᛚᚡᛁᚠᛆᛘᛂᛋᛐᚦᛆᚠᚡᛆᚧᚦᛆᛐᛒᚱᛦᚿᚼᛁᛖᛂᚱᛒᚢᚧᛚᛆᛐᛂᛅᛐᛐᛁᚱᚡᛂᛖ

ᚱᛂᛁᚿᛗᛐᛚᛁᚽᛚᛚᚢᛒᚽᛚᚡᛁᛅᚠᛒᛅᚱᛁᚿᚿᛒᚢᚧᛚᛆᛒᚱᛅᚧᛁᚱᛘᛁᚿᚿᚦᛆᛂ

ᚱᚡᛁᛐᛁᚼᚽᛚᛚᚼᚢᚿᛋᚠᚱᛆᚱᚦᛁᛅᚧᛆᚱᛂᛖᛂᛆᛁᚽᚠᚱᛁᛅᚱᛘᛒᛂᚧᛋᛚᛐᚢ

ᛘᚦᛂᛋᛋᚼᛂᚠᛁᛂᚠᚡᛆᚿᚡᛋᚡᛅᛖᛂᛁᛐᛋᛁᚧᛆᚿᚦᛂᛁᚱᛆᚱᛋᛦᛗᚱᛋᛆᚢ

ᛘᚠᛂᛦᛋᛐᛅᚧᚼᛅᚿᚢᚿᛑᛋᛐᛅᚧᛋᛐᚱᛂᚿᚡᚧᛁᚼᛅᚿᛂᚠᛚᛁᛒᚱᛆᚿᚿᛒᚱᛦᚿ

ᚼᛁᛖᛂᛁᛒᚢᚧᛚᛐᛅᛐᛐᚢᚱᛂᛖᛂᚱᛅᚱᛆᛁᚢᚡᚢᛘᛂᛁᛐᚱᛁᚠᚿᚾᛋᛐᛁᛂᚱᚼᛅᚿ

ᛋᛆᚱᛅᚠᛚᛁᛂᛁᛐᛆᛋᛁᚡᚢᚱᚧᛁᚡᚢᚧᚱᚢᚿᚡᛂᛁᚠᛁᚠᚦᛆᚧᛆᛗᛒᚱᛆᚢᛐᛐᛁᛚᛋ

ᚠᛅᚡᛆᛁᚱᛆᛂᛦᚧᛁᛘᛂᛁᚱᚠᚱᛅᚠᚠᛅᚱᛆᛚᛖᛐᛁᛖᛂᛆᚿᛘᛆᚱᚠᛆᚱᛅᚠᚡᛆᚱ

ᛚᛋᛆᛐᛐᛆᛆᛐᛋᚬᚽᚱᛚᛁᚠᛁᚼᚱᛦᚵᚵᚱᚡᛆᚱᚧᚵᚢᚽᚽᛆᚱᚱᚬᚴᚼᚽᛁᛔᚽᛆᚧ

ᛁᛋᚡᛂᛁᛔᛋᛁᚽᚢᛘᚼᚢᚵᛋᛆᛐᚬᚠᛆᛚᛚᛆᚽᛑᛆᚵᚼᛆᚽᚽᚡᛁᛋᛋᛁᚦᛆᛐᚡᛁᛚ

ᚵᛁᚵᚯᚱᛚᛆᚼᚡᛆᛐᚼᛆᚽᚢᛘᚡᛅᚱᛁᚡᛁᚽᛆᛋᛅᛘᛋᛐᛂᚧᛆᚼᛆᚽᚢᛘᚡᛅᚱ

ᚡᛁᚽᛆᛒᛂᛣᛐᛆᛚᛚᛋᛋᛁᚴᚡᚯᛚᛋᚢᚽᚵᚡᛁᛋᛋᛁᚠᛁᚱᚱᚧᛆᚽᚬᚴᛆᛐᛋᛁ

ᚵᚢᚱᚧᛋᚯᚴᚽᚢᚧᛘᛁᚴᛁᚽᚽᛦᛘᛁᛋᛐᚼᛆᚽᚽᚼᚢᚵᚧᛁᛁᛆᚠᚽᛚᛆᚽᚵᛆᛋᛐ

ᚢᚽᛑᚦᛆᛐᚡᛆᚱᛂᛁᚵᛁᛆᚠᛆᚱᛐᛁᛐᛆᛐᚠᚱᛆᚴᚬᚽᚢᚽᚵᛂᚬᛘᚴᚡᛆᚽᛁᚱᚵᛂ

ᚽᚵᛁᚽᛆᛘᚼᛆᚽᚽᛋᛂᚱᚼᚯᚵᚽᛆᚼᛂᛁᛐᛆᛆᛐᚱᚢᚽᚢᛘᚦᛆᚱᛆᛐᛐᛁᚼᛆᚽᚽᛆᛚᛚᛋ

ᚠᚢᛚᛖᚱᚢᛆᛂᛁᚽᛂᚱᛘᛂᚱᛒᚱᛦᚽᚼᛁᛖᛂᚱᚯᛚᛚᚢᛘᛒᛂᛐᚱᛁᚬᚠᛒᚬᚱᛁᚽ

ᛒᚢᚧᛚᛆᚼᚬᚽᛂᚱᛒᚱᛆᚵᚱᚴᚡᛂᚽᛆᚠᛦᚱᚱᛋᚴᛆᛚᛂᚴᛘᛁᚽᚢᚠᛁᚯᚱᚠ

ᛁᛚᛐᛆᛂᚽᚦᛂᛁᚱᛆᚱᛘᛂᛦᛁᛆᚱᛘᛂᛁᚧᛘᚢᛘᛐᛦᚽᛆᚡᛁᛖᛂᚢᚬᚴᚴᚱᚠᛦᛚ

ᚴᛁᛐᛁᛚᚠᛁᛆᚱᚡᛂᛚᛆᚡᚬᛐᛐᛂᚱᛆᛐᚱᛆᚧᛆᚱᛁᚽᛆᚱᛘᛆᛚᛘᛁᚬᚴᚢᚽᛆᚽᛂᛆ

ᚢᚧᛁᛋᛐᛦᚱᛆᚬᚴᛋᛁᛐᛁᛆᚽᛂᛁᛋᛅᛚᚢᚽᛁᚬᛐᛆᛂᛁᚽᚢᚦᚡᛁᚼᚯᚵᚽᛁᛆᚽᛂᛋᚡ

ᚯᚱᚡᛂᛁᛐᛐᛁᛋᛆᛘᛁᚱᛂᛁᚡᛁᚬᚴᚴᚱᛋᛚᛁᚴᛆᛐᚡᛁᚽᛆᛋᚡᛂᚱᚧᛁᚱᚬᚴᚽ

ᛆᛋᚡᛆᚱᚽᛆᛂᛁᚧᛆᛂᛁᚧᛆᛋᚡᛆᚱᚽᛆᚢᚽᚽᛆᚱᛐᚱᛦᚵᚵᚧᛁᚱᚡᛁᛐᚢᛘᛆᚡᛁ

ᚡᛆᚱᛆᛐᚼᛆᚿᚿᛁᛆᚢᚡᚢᛦᚧᚱᚢᛘᛚᛁᚴᚱᚿᛂᛆᛂᚿᚡᛁᚼᛚᚢᛐᛆᛐᛆᛚᛁᛐᚢᛘᚦ

ᚮᚦᛦᚴᚴᚴᛁᛧᚴᛂᚱᚦᛁᚮᚧᚴᚮᚿᚢᚿᚡᛆᚱᚮᚴᛘᛂᚱᛆᛐᛚᛁᚦᛆᛐᛂᛁᚿᚿᛋᛆᚡᚧ

ᛁᛆᛐᚼᚡᛆᚱᚴᛁᛚᛂᛧᚴᚼᚯᚠᚿᚮᚠᛐᛂᛂᛁᛚᛆᚡᚢᛚᛚᚿᛂᛁᛆᚱᚧᛁᚱᚿᛂᛘᛆᛂᚴᚡᛂ

ᚠᛆᛋᚴᛚᛂᛐᛆᚴᚮᚴᛂᚿᚡᛁᚼᛚᚢᛐᛆᚢᚧᛁᚿᛋᚠᛂᛆᚱᚦᛆᛂᚱᛘᛂᚱᛁᚮᚧᚢᚿᚡ

ᚱᛂᛁᚡᚢᛋᛂᛖᛂᚮᚴᛘᛂᚱᛁᚮᚧᚢᚿᚡᚱᛁᛆᚢᚱᛆᛐᛆᛚᚦᛁᚦᛆᚡᛆᚱᛆᚼᚡᚯᚱ

ᚠᚢᚿᚼᚢᚡᚱᛘᛁᚿᚿᚢᛘᚦᛆᛐᚼᚡᛆᚱᛐᛂᚴᛋᚴᛦᛖᛂᛆᚡᛂᚡᛆᛂᚧᛆᚡᛆᛚᚴ

ᛂᛚᛚᛆᛒᚯᛚᛚᛁᛒᚱᛦᚿᛁᚢᚢᛘᛒᚱᚮᚧᚢᚱᛋᚯᚴᚦᛆᛐᛘᛦᚿᛂᛐᛁᚦᛆᚦᛁᚮᚧᚴ

ᚢᚿᚿᛐᚡᛂᚱᛆᛘᚯᚱᚡᚢᛘᛘᛆᚿᚿᛁᛆᛐᛘᚢᛙᚱᛋᛐᚱᛁᚧᛁᛚᛂᛐᚢᛘᛋᛁᚡᛆ

ᛋᛆᛐᛐᛘᛆᛚᚮᚴᚴᚢᚱᛚᛂᚴᛘᛂᚱᛘᛂᛁᚱᛁᛘᚢᚿᛘᛂᛁᚧᛘᛆᚱᚦᛁᚡᚡᛁᛆᛒᛆ

ᚢᚡᛆᚱᛆᚢᚧᛆᛒᚢᚱᛆᚱᛋᛁᚡᛘᚢᚿᛑᛆᚱᚿᛂᛂᚴᛆᚿᛙᚱᛋᛘᛆᚿᚿᛋᛆᚢᚱᛆ

ᚡᛁᛖᛂᛆᚴᚢᚿᛙᚴᛂᛁᚿᚢᛘᚿᛂᛦᛘᛁᛋᛋᚢᛘᛒᛁᚮᚮᛐᚮᚠᚼᚡᛂᚱᚠᛆᚿᚼᚢ

ᚡᛘᛂᚿᛋᚴᚯᚡᚢᛚᛆᛚᛖᛘᚢᚿᚦᛆᛐᛆᛐᛚᛂᚠᛐᛁᚱᚠᛁᚿᛙᛂᚱᚼᛆᚿᚿᛘᛁᛙ

ᛋᛔᛦᚱᚱᛘᚮᚱᚧᚠᚯᚱᚡᚯᚱᚡᛆᛆᛐᚦᛂᛦᚡᛁᛋᚴᛆᛚᚦᚢᚿᚿᚡᛂᚧᚴᚮᛙᛆ

ᚿᛙᚱᚱᛆᚱᚡᛂᚱᛆᛖᛂᚱᛁᛚᛂᛁᚧᛆᚦᛆᛘᚢᛙᚼᛂᚠᚿᛂᛐᚢᛘᚼᛆᚱᛘᛆᛘᛁᚿᛙ

ᚢᛔᛔᚱᛂᛁᛋᚵᚢᛆᛗᚱᚱᚵᚱᛅᛉᚱᚠᛂᚱᚧᚢᛆᚵᛅᚱᚨᚴᚢᛉᚼᛅᛚᛋᚴᚨᛆ
ᚢᚼᛂᛆᛐᚱᚨᚠᛚᛅᚵᚧᛁᚵᛂᛆᚵᚢᛅᛚᛚᛁᚱᚨᚴᚦᚨᛦᛉᛁᛋᛋᛁᚱᛅᚠᚼᛂᛁᛚᚢᛉ
ᚼᚢᚵᚼᛅᛗᛅᛐᛚᛂᛐᛁᛅᚼᚱᛅᛐᛐᛅᚠᚼᛅᛚᛋᛁᚼᚠᛂᛁᛉᚦᛅᚱᛋᛂᚱᛚᛂᛐᛅᛉᛅᛆ
ᛆᛋᛁᚴᛚᛂᛐᛁᛅᛚᛅᛆᚵᚱᛅᚱᚵᚻᛆᚵᚢᛗᛉᚼᛅᛆᛆᛋᛂᚱᚼᚻᚵᛗᚼᚠᛂᛐᛅᛅᛐ
ᚱᚢᛆᚢᛉᛋᛂᚵᚴᛁᚠᛁᛚᛂᚴᛅᛚᛚᛅᛋᛅᛚᚵᛅᛆᚵᛅᚦᛁᛗᛉᛂᚧᛉᛁᛆᚢᛉᛆᚢ
ᛂᚱᚦᚻᚱᚴᛉᛁᚴᛁᛚᚠᛁᛐᛅᛂᚠᛉᛂᛁᛆᛁᛉᚨᚱᚧᚴᚻᚱᚴᚨᛆᚢᚢᛆᛧᛅᚠᛉᛂᛚ
ᛁᛂᛆᛆᛉᛂᛆᚴᚨᛉᛁᚦᛅᛚᛅᛐᚢᛉᚦᚠᛁᚦᛅᚱᚠᛅᚱᚱᛅᚧᛅᛂᛁᛆᚢᚦᚠᛁᚼᚻᚵᛆ
ᛅᛆᛐᛋᚵᚻᚱᚠᛂᛐᛐᛐᛁᛚᛂᛐᛁᛅᛉᛅᚧᚱᚼᛅᛗᛚᛅᛆᚵᚱᛅᚱᚵᚻᛆᚵᚢᚦᛅᚱᛋᚼ
ᚨᛆᛗᚠᛐᚱᛒᚨᚱᛁᛗᛚᛐᚱᛂᛁᚠᛂᚱᚧᛁᚼᚨᛆᚴᚱᚻᛆᚵᚨᚠᚴᚨᛉᛋᚴᚠᛦᚱᚴ
ᛆᛂᛉᚨᚧᚢᚱᚼᚨᛆᛅᛒᚨᚱᛁᛆᚨᚠᛁᛚᛁᛅᛐᛁᛚᛉᚻᚱᚵᚢᛉᛉᛅᛆᛆᛁᛅᛐᛉᚨᚧᛐ
ᚱᛂᚵᛅᚼᚠᛅᚱᚠᛋᛂᚱᚨᚼᚱᚨᚧᚢᚵᚱᛅᛆᛐᛂᛋᛔᛁᛚᛚᛁᚠᚱᛅᚦᛅᚱᛂᚱᛉᚻᚱ
ᚴᛉᛂᛆᛅᛉᛂᛁᚧᛉᚢᛉᛐᛂᛁᛗᛐᛁᛚᛂᛁᛐᚼᚨᛆᚨᚠᛅᛚᛚᛅᛂᛁᚵᚢᛋᛁᛗᛋᚨᛗᛆ
ᛅᚱᚦᛦᛁᛁᚱᚨᚴᛋᛅᛚᚴᚨᛆᚢᚱᚵᚢᛚᛚᛒᚱᛦᛆᚢᛋᛉᚨᚠᛅᚱᛅᚵᚨᛐᛐᛁᚼ
ᚢᚵᛅᚧᚱᛋᛁᚴᛉᛁᚧᛚᛅᚧᛁᛉᛆᚴᛁᛋᛂᚵᚵᛁᚢᛉᚼᛆᛂᚠᛁᚧᛒᚨᛚᛚᛋᛐᚱᛁᚼᚨ

ᛆᛅᛅᛆᛆᛅᛆᚡᛂᚵᚭᚴᚼᛁᚮᚱᚢᛆᛑᚢᚧᚼᚢᚵᚦᛁᛅᛐᚱᛅᚧᚢᛘᛆᚢᛋᚴᚢᛚᚢᚵ

ᛅᛆᚵᛅᚦᛂᛁᚱᛂᚱᚵᚢᛚᛚᚡᛁᛚᛁᚭᚴᛘᛁᛆᛆᛁᚦᚡᛁᛅᛐᛘᛂᚱᚦᛁᚵᚵᛁᛅᛂᚴᚵᛂᚠ

ᚼᚡᛂᚱᚱᛁᚭᚠᚼᚱᚭᚧᛁᛐᛋᛁᚵᛚᛁᛒᚭᚴᚭᚴᛒᛚᚽᛁᚢᛒᛁᛅᚱᛐᛅᚱᚡᛅᚧᛁᚱᚦ

ᚮᚵᚧᚢᛅᛚᛚᛁᚱᚡᛁᚧᚦᚡᛁᚭᚱᚧᛁᚭᚴᛅᛚᛚᛁᚱᛋᛂᛆᛆᛅᛆᛑᛋᚡᚮᚱᚡᛁᛂᛁᛐᛐ

ᚢᚽᚱᛆᛅᚱᛋᚭᛖᛆᛅᚱᛘᚢᛆᚢᛘᛂᛆᛆᛚᛁᚴᛅᚵᛂᚱᚧᛅᛋᛅᛚᚴᚭᛆᚢᚱᛋᚽ

ᛘᚧᛅᛐᚡᛁᛆᛆᛅᚢᛆᛦᛅᚠᚼᛣᚵᚵᛁᛅᛆᛑᛁᚼᚮᚱᛋᚴᚱᛣᛑᛑᚴᚭᛆᛅᚢᛆᚵᛅᛅ

ᛚᛂᚱᛁᚭᚱᚧᚡᛁᚧᚱᚭᚠᚴᚡᛅᚧᚡᛁᛚᚴᛅᛐᛂᚴᛘᛅᛆᛆᛐᚱᛅᚢᚧᛅᛆᛆᛂᛐᚭᚱᛒ

ᚽᛆᛅᛆᚢᛘᚭᚱᛅᛋᚮᚴᛅᛚᛂᚱᛁᛐᛣᛆᛅᚦᚭᛘᚢᛆᛅᛒᛂᛁᛆᚢᛘᛒᚱᛂᛆᛆᛅᛣᚧᚱ

ᚢᛘᚠᚽᚱᛁᛂᛣᚱᛁᚱᚦᛅᛂᛁᚱᛂᚱᚠᚱᛅᛘᚴᚭᛘᛁᚧᛆᛂᛁᛐᛐᛘᛂᛆᛁᚢᚵᚭᚧᛘᛁᛆ

ᛅᛐᚡᛁᛐᛁᛅᛋᛂᛦᚴᛐᚢᛆᛁᚧᚱᚵᚢᛆᛅᚱᚱᛘᚢᛆᛂᚴᛋᛂᚵᛁᛅᚦᛂᚱᛚᛁᚠᛋᚮ

ᚱᚡᚽᛆᛅᛚᛁᚭᛋᛅᛁᛒᚱᚢᚧᛁᛘᚢᛆᛅᛣᚧᚡᛅᚱᛐᚠᛅᚱᛅᛚᛖᛁᛋᚢᛆᛑᛁᚦᚭᛐᛐ

ᛂᚴᚼᛅᚠᛅᚮᛆᛑᚢᛚᛅᛐᛁᛐᛋᛅᛐᛐᛘᚢᛆᚢᚧᛁᛐᚵᚢᚧᚱᚢᛆᛋᛆᛂᛘᚱᛂᛆᚦᚢᚼ

ᛣᚵᚵᛁᚱᚼᛂᚠᛁᚱᚴᚢᛆᛆᚴᚭᛆᛅᚡᛁᚧᚴᚭᛆᚢᛆᚵᛁᛂᛅᛔᚱᛅᚱᛘᛁᛆᛅᚱᛅᛐᛑ

ᛅᚢᚧᛅᛆᚡᛂᚱᚦᛅᚱᛂᚱᛘᚽᚱᛒᚭᚱᛁᛆᛘᚭᚧᛁᚱᚠᚽᚧᛁᚱᛋᚢᛘᚢᛆᚼᚡᛁᛐᛅ

ᚼᚯᚽᚼᚢᚡᚯᛋᛋᚢᛘᛚᛁᚴᛆᚽᛅᚱᛐᛘᚾᛚᛁᛂᚴᚽᚢᛂᚽᚼᚯᚽᛂᛁᚡᛁᛘᚢᚽᚯᚨᚯ

ᚱᛆᛋᛅᚴᛆᛚᛂᚱᛁᛐᛦᛗᚼᛆᛗᛘᚢᚽᚢᚼᛂᚠᛁᛆᚼᛆᚩᛆᚱᛒᛆᚱᚢᚱᛐᛁᛚᛁᚯᚽ

ᛆᚴᚱᛋᚯᚧᛆᛁᛖᚯᚱᚨᚢᛆᛚᛆᛘᚢᚽᚼᚢᚽᛋᛂᚱᛁᚯᚧᛂᚱᚨᛁᚩᛅᚱᚧᚢᛂᚱᚨᛁ

ᚩᛅᚱᚧᚢᛁᚯᛗᚴᚱᛋᛋᚯᚽᚢᛘᛘᚢᚽᚼᚯᚽᛋᚩᛆᚽᚼᛁᛖᛁᛋᛂᚽᛂᛐᛆᚨᛚᛆ

ᚽᛂᛁᛋᛁᛗᛘᛂᛦᚯᚴᛋᛁᚡᚢᚱᚧᛆᚱᚼᛆᛗᛘᚢᚽᚢᛒᛁᛐᛆᛒᛁᚴᚴᛆᚱᛆᚧᚦᚩ

ᛁᛐᛁᛅᚱᛘᚢᚽᚱᛂᚴᚴᚱᚯᚦᛆᚱᚨᛐᛚᛁᚨᛁᚱᚦᛆᛂᚱᛅᛚᛚᚨᛆᚱᛁᚽᚾᛐᛐᛋᛁᚡ

ᚢᚱᚧᛆᚱᛂᚱᚢᚡᚢᚧᚱᚢᛗᚱᚡᚱᚾᛐᛁᛁᛐᚨᛚᛂᛁᚱᛁᛒᛁᚧᛁᛆᛘᚢᚽᛂᚴᚦᛁᚴ

ᛒᚾᛗᚱᛂᛁᚽᛗᚱᛋᚢᛘᚢᚽᛁᚼᛂᛁᛘᛁᚼᛁᚽᛨᛐᛒᚾᚽᚩᛂᚱᛆᛚᛆᛐᛐᚢᛋᚩᛆᛒ

ᚱᛂᛁᚧᛆᛒᚯᚱᚡᛆᚩᛂᛚᛚᛁᛆᚢᚽᛐᛂᚱᚯᛋᛋᛅᛚᛚᚢᛘᛁᛆᚨᚽᚱᚢᛘᛐᛋᛂᛁᚦᛂ

ᛁᛘᛂᚱᛋᚢᛖᚢᛘᛂᚧᛋᛁᚡᚢᚱᚧᛁᛐᛁᛆᛖᛂᛁᚦᛆᚱᚢᛘᚦᛆᛒᚯᚱᚡᛐᛁᛅᛖᛂᚢ

ᛘᚯᚴᛋᚴᛁᛅᛖᛂᚢᛘᚩᛆᛚᛆᚱᛁᚨᛐᚩᛂᛚᚨᛆᚧᚯᚴᚩᛆᛚᛆᛘᛂᚽᚡᛁᛒᚱᛂᚽ

ᛁᛘᛂᚱᛁᚽᚽᚼᚢᚽᛋᚴᛆᛆᚼᛚᛁᚧᛆᚧᚱᛆᛒᚱᛂᚽᛁᛁᚽᚢᛘᚼᚢᚽᛋᚴᛆᛆᚼᛚᛁᚧᛆ

ᚧᚱᛆᛘᛁᛗᚦᛁᚯᛗᛘᛂᚽᛁᚢᛘᚡᛅᚨᚡᛆᛐᚩᛂᛁᚱᛆᛐᚼᛅᚨᚧᚢᛘᚯᚴᛐᚩᛂᛁ

ᚱᚼᛆᚢᚴᛆᚱᚦᛆᛂᚱᛅᛚᛚᚢᛋᚴᛁᛔᛐᛐᛁᛚᛁᛆᚨᛗᚧᛆᚱᛚᛁᚩᚡᛁᚯᚴᚴᛆᚱᛂᚽ

ᛂᚠᛐᛁᚱᛂᛐᛁᚢᚦᛆᛒᚱᛦᚿᚼᛁᛖᛂᛆᚱᚡᛆᚱᚢᚡᚻᚱᛒᛁᛖᚡᛆᚢᛆᚿᛖᛐᛋᛁᚴ

ᚢᚱᚦᛁᛄᚴᛒᚱᛆᚿᚿᚦᛆᛐᚠᛦᚱᚱᛂᚿᚿᛒᚱᛦᚿᚼᛁᛚᛂᚱᚡᛆᚱᛆᚻᚦᚱᚢᛒᚱᛂ

ᚿᚿᛐᛄᚴᚡᛆᚱᚼᛄᚿᛁᚱᛂᛁᚦᚦᛂᛁᚱᛁᛂᚱᚡᚢᚦᚡᛂᚠᛁᚢᛘᚡᛆᚱᛐᛁᚻᛖᚢᚦ

ᛋᚡᛆᛂᚱᛋᛆᚡᛐᛆᛒᚱᛦᚿᚼᛁᛖᛂᚱᛄᚴᛘᛂᚦᚱᛂᚦᛁᚿᚿᛁᛆᚼᛂᛚᚡᛂᚡᛄᚴᚠ

ᛄᚱᚢᛘᛐᚢᚿᚦᛐᚱᛂᚱᚡᛦᚡᚱᚿᚻᚴᚴᚢᚱᛒᛁᛄᚡᛦᚡᚱᛁᚿᚴᚡᛐᚦᛋᚴᛐᛚ

ᛐᚢᛁᚡᚻᚡᚿᚢᛘᚡᛆᚿᚡᛆᛂᛁᚡᛁᚡᚱᛁᛄᛐᛁᛋᛆᚢᛐᛂᚡᛆᚱᚦᛆᛘᛁᛖᛒᛂᛐᚱ

ᛋᛂᛘᚦᛁᚦᛂᚱᛒᛄᚱᚦᛐᛐᛐᚱᛂᚴᛁᛆᚼᛂᛖᚱᛂᚿᚡᛁᛐᛐᛆᚡᛂᚱᛋᛆᚿᛖᚱᚱᛆᚱ

ᚼᚡᛆᛐᛋᚴᛆᛚᛖᚢᚡᛁᛐᛁᛆᛆᚠᚡᛆᛚᛚᛆᚿᛐᛂᛁᚼᚡᛆᚱᚠᚢᛋᛐᚼᚻᚠᚢᚦᚼᚢ

ᛋᛆᛘᛁᚿᛖᚦᚢᚼᛂᚠᛁᚱᚡᛆᚱᚡᚢᛚᛚᛋᛂᚠᚦᛁᚴᚡᛁᛆᛚᛦᛋᛐᛁᚱᛘᛁᛖᛂᛆ

ᚠᚼᚻᚿᛂᚢᛘᛘᛆᚿᚿᛋᛒᛚᛄᚦᚦᚡᛂᚡᛁᛐᛒᚱᛦᚿᚼᛁᛖᛂᚱᚴᚡᛆᚦᛒᚱᛂᚡᚦ

ᚢᛂᛁᚡᛁᛘᛂᚱᛒᚱᚢᚦᚱᛄᚱᛋᛐᛂᛁᚿᚦᛄᛐᛐᛂᚴᚡᚾᚱᛆᚴᛁᚡᛁᚴᛁᚿᚡᚢᛂᚴ

ᛘᚢᚿᛄᚴᚴᚢᚱᚾᚦᚱᛁᚦᛦᚴᚴᛁᛆᚼᚡᛆᚱᛋᛘᛂᚿᚿᛂᚦᛚᛁᛄᚴᚴᛆᚱᛐᚴᚢᚿᚿ

ᛆᚡᛦᚡᚱᛁᚿᚴᚡᛆᚦᚦᚢᚡᛆᚱᛐᛒᚱᛦᚿᚼᛁᛖᛂᚱᛒᚢᚦᛚᛆᛂᛄᛐᛐᛁᚱᚼᛂᛁᛚᛚ

ᛁᚡᛂᚱᛋᛐᚢᛁᚼᛂᛁᛘᛒᛄᚱᛁᚿᚦᚢᚼᛂᚠᛁᚱᚡᛁᚢᚴᛆᛄᚠᚡᛚᛆᛆᛐᛒᚻᚱᚿᚢ

ᛘᚮᚴᛒᚢᛁᚦᛂᛁᚱᛆᛒᚱᚢᚵᚧᛁᛐᚵᚮᚧᚢᛒᚱᛦᚿᚼᛁᛚᛑᚱᚴᚡᛆᚧᛂᚴᛘᚢᚿ

ᛋᛂᚵᛁᛆᚦᛂᚱᛋᚡᛁᚿᚮᚱᚱᛂᛁᚧᚢᚡᛁᛐᛚᛆᚢᛋᛋᛁᛘᛁᚬᚴᛂᚠᚦᛁᚴᚡᛁᛐᛆ

ᛚᛦᛋᛐᛁᚱᚼᚡᛂᚵᛂᚱᚧᚢᛘᛁᚴᚵᛁᚢᚴᛆᛆᚱᚠᛆᚱᛆᛋᛐᛆᛚᛆᚢᛋᛆᚮᚴᛂᛁᚧ

ᚱᚮᚠᛆᛒᚱᛦᚿᚼᛁᛚᛑᚱᚴᚡᛆᚧᚼᛂᛐᚢᛘᛁᚴᛆᛚᛚᛁᚱᛁᚼᛚᛦᛘᛑᚬᛚᚢᛘᚼᛁ

ᛚᛑᚢᚿᛐᛂᛁᚱᚼᛁᛆᛚᛘᛁᚼᚡᛂᚱᚱᛂᚱᚴᚢᚿᚿᛚᛁᛑᚼᛆᛘᛁᚡᛆᚱᛆᚼᚢᚵᚠᚢᛚ

ᛚᚱᚴᚮᚿᚢᚿᚵᚱᛆᛐᛐᛆᛋᛦᛋᛐᚱᛆᚢᚿᛑᛁᚱᛂᛁᚴᛒᚮᚱᛁᛐᚡᛆᚱᛂᚴᚡᛑᚱᛆ

ᛐᚮᛚᚠᛂᚠᚦᛁᚴᚡᛁᛐᛆᛚᛦᛋᛐᛁᚱᛂᚱᛂᚴᚢᚿᚵᚢᛘᚵᚱᛆᛘᛂᛁᚧᛆᛋᛂᛚᛑᚴ

ᚦᛆᛚᛂᛐᛂᚴᚵᛆᛘᛚᛆᛙᚵᚮᚧᚦᛁᚮᚧᚢᚼᛁᛆᛚᛘᚵᚢᚿᛙᚱᚿᚾᛋᛐᚼᛂᛚᛆᚱ

ᚵᛆᚿᚵᛆᚵᛆᚠᛂᚴᚢᚿᚵᚢᛘᛋᛁᚵᚱᛆᚢᚧᚢᛒᚱᚮᚧᚢᚱᚦᛆᚱᚡᛆᚱᚧᛘᛂᚱ

ᚮᚧᛁᚿᚿᚮᚠᚱᛂᛁᚧᚱᚮᚠᚦᛆᛐᛚᛆᚢᚴᚼᛆᚿᚿᛘᛁᚴᛋᚴᛁᚬᛚᛑᚢᛘᛁᛋᚴᛁᛐᛆ

ᛚᚢᚿᛑᛁᚱᛆᛁᚢᚧᚢᛘᚮᚴᚼᚡᛁᛐᚢᛘᚱᛆᚿᛑᛁᚱᛋᚿᚢᚱᛐᚢᚦᛆᚿᚿᛒᛆᚧᚼᛆᚿᚿ

ᛋᛚᛁᛐᛆᛋᚡᛂᚠᚿᛁᛘᛁᚿᚢᛘᛂᚱᚼᚡᛂᚱᚵᛁᛚᛆᚿᛑᛋᚼᚱᚾᚧᛆᛋᚴᚴᛦᚿᚿᛚ

ᛂᛐᚼᛆᚿᚿᚢᛘᛋᛆᛚᛘᛁᚿᚿᛋᚢᚿᛙᚿᚡᛂᚱᚧᛆᚿᚼᛆᚡᛆᚿᛒᚱᛂᚿᛙᚼᛂᚱᛆᛚᛚ

ᛋᚡᛁᚧᛆᚱᚦᛆᚱᛒᛆᚧᚼᛆᚿᚿᛂᛁᚿᚿᚦᛂᚵᚿᛦᚠᛁᚱᛆᛐᚱᛁᚧᛆᚦᛆᚿᚿᛋᛘᛂᚱᚠ

ᛆᚦᛆᛒᛆᚧᚵᚢᚧᚱᚢᚿᛋᚭᚿᚢᛋᛁᚿᛆᛆᛐᚦᛂᛁᚱᛒᛅᚧᛁᚵᛁᚢᚴᚢᚿᚵᚢᛘᛚᛁᚠ
ᛋᛂᚿᚦᛂᛁᚱᚡᛁᛚᛑᚢᛂᛁᚵᛁᚼᛁᛆᚱᛐᛆᚡᛆᚱᛋᚴᚭᚱᛁᛐᚭᚱᚼᚬᚵᚿᛆᛂᚿᚵᚢᚿᚿ
ᛆᚱᚱᛋᛂᛐᛐᚱᛁᚭᚱᛘᚵᛆᚱᚧᚼᛆᚿᚿᛋᛚᚭᚼᚬᚱᛔᚢᚭᚴᛋᚡᛅᚠᚧᛁᚭᚱᛘᛆ
ᚿᛆᛂᚿᚿᛆᚧᚱᛆᛋᛐᛆᚴᚴᚼᛆᚿᚿᛐᛁᛚᛚᛁᚠᚱᛆᚱ

ᚦᛁᚮᚧᚱᛂᚴᚱᚴᚮᚿᚢᚿᚵᚱᚡᛆᚱᛘᛂᚧᛆᛐᛚᛆᚮᚴᚼᛆᚠᚧᛁᚦᛆᚱᛚᛆᛐᛁᛐᚠᛚ
ᛂᛋᛐᛆᛆᛚᛚᛆᛘᛂᚿᚿᛋᛁᚿᛆᚦᛁᚮᚧᚱᛂᚴᚱᚮᚴᚵᚢᚧᚱᚢᚿᚴᛅᚱᚧᚢᚼᛆᚱᛘᛆ
ᛋᛁᚿᛆᛘᛁᛚᛚᛁᚼᚮᚿᛋᛆᚵᚧᛁᚼᛆᚿᚢᛘᚮᚴᚴᚡᛆᚧᛘᛅᚱᚡᛆᚱᛂᚴᛘᛂᛦᛁᛆ
ᛘᚮᚧᛁᚱᛘᛁᚴᚠᛅᛑᛑᛁᛒᛁᚯᚱᛐᛁᛒᚢᚱᛁᚢᚿᚿᛆᛂᚴᚡᛂᛚᛒᚱᛅᚧᚱᚢᛘᚢᚿ
ᛎᛘᛁᚴᚵᛁᚢᚴᛁᚵᚢᛚᛚᛁᚱᛂᛁᚠᚧᛁᚵᚢᛚᛚᛁᚱᛂᛁᚠᚧᛁᚵᛆᚠᛋᛁᚵᚢᚱᚧᛁᛋ
ᚡᛆᚡᛆᚱᛋᛁᚵᚢᚱᚧᚱᚮᚠᛋᚮᚿᚢᛘᚵᛁᚢᚴᛆᛋᛂᛘᚡᛅᚱᛁᚵᚱᛅᚿᛚᛆᚢ
ᚴᚱᚮᚱᚵᚱᛆᛋᛁᚡᛆᛪᛁᚿᚿᛂᚧᛆᚼᛁᚯᚱᛐᚱᚼᛆᛒᛂᛁᚿᚿᚮᚠᚼᚡᚯᛋᛋᚢᛘᛑ
ᛦᚱᚢᛘᛂᚧᛆᚵᚢᛚᛚᚵᛚᚮᚧᚱᛆᚢᛐᛐᛆᚠᚡᚱᛆᚢᛋᛁᛚᚠᚱᛁᚢᚿᛎᛘᛂᚱᚠ
ᛦᚱᛘᚢᚿᚧᚢᛘᛁᚿᛁᚱᛒᚱᛅᚧᚱᛆᛐᛂᚴᛅᛐᛐᛆᚡᛂᚱᚯᛚᛚᚢᛘᚠᚱᛂᛘᚱᛆᛋ
ᚮᚠᛆᚦᛂᛁᚱᚿᛂᛘᛆᛐᛐᚢᛐᚿᛂᚮᚠᛋᛆᚴᛆᚱᛑᛅᛘᛆᛆᚧᚱᚦᛂᛁᚱᛋᛁᚵᚢᚱᚧᛋ
ᚡᛂᛚᛐᛆᛚᛂᛐᚢᚵᚱᛆᚿᛁᚱᛆᚿᚿᛆᛐᚦᛁᚿᚵᛁᚵᚿᛦᚱᚡᛆᚱᛆᛐᚼᛂᛦᚱᛆᛂᚿᚦᛆᛋ
ᛁᚵᚢᚱᚧᚱᛋᛁᛆᛚᚠᚱᛂᛁᚵᛁᚴᚮᛘᚯᛚᛚᚡᛆᚱᚢᛋᚯᚧᚢᛚᛑᛦᚱᛋᚡᛂᛁᛐᛆ
ᛋᛐᚮᚴᚴᛁᚿᚮᚴᚮᚠᚡᛆᚿᛁᚧᚡᛆᛋᛁᚢᚿᛑᚡᛂᚵᚯᚿᛑᚢᛘᚵᛂᚴᚴᛂᚴᚵᚱᛆ
ᛐᛆᚿᛑᛁᚡᛁᚧᚵᚱᛆᚿᛆᚱᛅᚧᛆᚢᚱᚢᚵᚼᛚᛦᚱᛆᛁᚮᚠᚱᛆᛂᚴᛋᛔᛁᛆᛚᛚᛆᚼᚿᛁ

ᚦᛆᛂᚱᛋᛆᛐᛋᚮᛖᛁᚽᚮᚠᛋᛁᚵᚢᚱᚧᛁᚽᚮᛐᛐᚦᚮᛐᛐᛁᛘᛂᚱᚽᛁᚧᛘᛦᚱᚴᚱ

ᚡᛂᚱᛆᛂᚱᛂᚴᛋᛆᚱᛚᛆᛋᛆᛐᚴᛦᚠᛁᚱᛋᛁᚵᚢᚱᚧᛁᚢᛚᚠᛆᚱᚦᚮᛐᛐᚢᛘᚴ

ᚬᛚᛚᚢᛒᛂᛐᚱᛁᛂᚠᚦᛂᛁᚱᛚᛂᛐᛁᛘᛁᚴᛚᛁᚠᛁᛐᛦᛖᛂᚧᛆᛒᚱᛂᚽᚽᛑᛁᛘᛁᚴᛋᛂ

ᛘᛒᛁᚱᚴᛁᚽᚽᚡᛁᚧᚠᚮᚱᛂᚴᛆᚠᚠᛁᛆᛚᛚᛁᚠᛁᛘᛘᛑᚾᚵᚱᛐᛆᛚᛁᚧᚢᚽᛏᛂᚴ

ᚼᚬᛚᛚᚼᛆᛚᚠᛋᚼᛆᚡᛆᚦᛂᚴᚴᚧᛆᚴᛋᛆᛐᛂᚴᛘᛂᚧᚦᚮᚱᚢᛋᛁᛆᚢᛘᛁᛋᛋᛂ

ᚱᛁᛑᚾᛐᚱᚼᛆᚴᚮᛖᚱᛁᛑᛆᚽᛘᚬᚱᚴᚢᚼᚮᚽᛘᛂᚱᛆᛐᚵᛆᛘᚽᛁᚵᚢᛚᛚᛒᚮᚴ

ᛆᚧᛁᛋᛆᛚᛁᛋᚢᚧᚱᚾᛖᚮᚴᛋᚡᛆᚽᛁᛑᛆᚽᛋᚴᛆᚼᛆᚠᚧᚢᚡᛁᛐᛆᛋᚴᚱᛁᚠᛐ

ᚢᛘᚦᛆᛐᛂᚱᛋᚴᛆᛐᛆᚱᛚᛂᚴᚢᚮᚴᛆᚼᛆᚽᚽᛦᚱᚧᚢᛘᚼᛁᛚᛘᛁᛋᚦᛂᚵᛖᚱ

ᛆᚽᛂᛁᚱᚱᛆᚢᚧᛆᚱᚱᛂᚴᚴᛆᚼᚢᛖᚼᛁᚬᚱᛑᚱᚮᛐᛐᚼᛁᛆᛚᛘᛑᚱᚮᛐᛐᚼᛁᛚᛘᛁ

ᛋᚠᛦᛚᚵᛁᚢᛋᚴᛁᛔᛋᛁᚵᛘᚢᚽᛑᛆᚱᛋᚴᚱᛁᚧᚢᚠᚱᛆᛚᛆᚽᛑᛁᚵᛦᛚᛖᛆ

ᚱᚵᚱᛁᛘᚢᚱᚵᚱᛆᚠᚽᛁᚱᛋᛐᛆᚠᛖᚱᛒᛦᚱᚧᚢᚡᛁᛐᛆᛒᚮᚱᚧᛆᚦᛆᛐᛂᚱ

ᚦᛂᛁᚱᛒᚬᚱᚧᚢᛋᚴᛋᛁᚵᛆᚱᚱᚮᚴᛋᛁᚵᚵᛂᛁᚱᚱᛋᚢᚧᚱᛆᚠᛁᚮᚽᛁᚦᛆᚠᚱ

ᛆᚵᚱᛁᛘᛁᛚᛑᚱᚡᚮᛐᛁᚽᛂᛋᚴᚴᚮᛖᚼᚡᛆᛐᛂᚴᚡᚾᚱᛆᚼᛦᚵᚵᛁᚢᚧᚼᚮᚽᛒ

ᚱᛆᛒᚮᚱᚧᛆᚮᚴᛒᚢᚱᛁᚼᛂᛁᛘᛐᛁᚦᚱᛆᚵᛁᛆᚱᚽᛚᛁᚵᛆᚦᛂᛋᛋᛆᛐᛋᛔᛦᚱᛁᛆ

ᚼᚡᛂᚱᚱᚡᛁᛚᛑᛁᛋᛄᚿᛋᛦᛋᛐᚢᚱᛒᛅᛐᛆᛂᚧᛆᚡᛂᚱᚡᛂᚵᛁᚿᚿᚡᛁᛚᛑᛁᚵᛁ

ᛆᛚᛑᛆᚵᚻᚱᚱᛚᛂᛧᚴᚵᚢᚿᚿᛆᚱᚱᚵᚢᛚᛚᛐᛒᛁᛄᚧᛁᛋᛆᚴᛆᚱᛆᛐᛒᛅᛐᛆᛄ

ᚴᛁᛐᛋᛆᛘᛆᚼᚻᚵᚿᛁᚼᛄᚿᚠᚱᛂᛐᛐᛁᛆᛐᚦᚡᛁᚼᚡᛂᚱᚱᚠᛆᚱᛆᚡᛁᛚᛑᛁᚠᛁᚵ

ᚵᛆᛐᛋᚻᚧᛚᛆᚡᛆᚵᛖᛐᛒᛂᛁᛐᛆᚼᛂᛋᛐᛁᚱᛁᚧᛆᚼᛆᚢᚴᛁᚠᛚᛂᛦᚵᛁᛆᚻᚧᚱ

ᚢᛘᛆᛐᛋᚴᛁᛄᛐᛆᛆᚠᛦᛒᛄᚵᛆᚡᛆᛚᛑᛆᚱᚱᛑᚻᚿᚢᛘᛘᛂᚧᛁᛆᚱᛁᛧᛚᛂᛁᚠᛁ

ᛂᛦᛘᛄᚧᚱᚦᚱᛁᚧᛁᛘᛂᚧᛁᛆᚱᛁᛧᛋᚴᛆᚱᛁᛁᚿᚿᚵᛂᚿᚵᚢᚦᛁᛆᚻᚠᚱᚢᛘᛚᛁᚴ

ᛁᚱᛚᛆᚿᚵᛒᛆᚱᚧᛋᛚᛁᚧᛆᚱᚼᚻᚠᚧᚢᛚᛄᚧᛆᚱᛆᚢᚧᛆᛋᛐᚢᛐᛐᛆᚱᛒᚱᛦᚿ

ᚢᚱᛋᛐᛂᛦᛔᚧᛆᚼᛁᛆᛚᛘᛆᛋᚴᛆᛚᛘᚢᛘᚵᛦᚱᚧᛁᚱᚼᚻᚠᚧᚢᛋᚴᛆᚱᛆᚱ

ᛁᛆᚱᛔᛆᚱᚼᚡᛂᚱᚱᚡᛁᛚᛑᛁᛘᛂᚱᚼᚿᛄᛋᛋᛁᚱᚡᛂᛚᛆᚼᚿᛄᛋᛋᛁᚱᚡᛂᛚᛆ

ᛄᚴᚼᚢᚵᛆᛐᛘᛅᛚᛆᛂᚠᚦᛂᛁᚱᛘᛅᛐᛐᛁᛘᛂᚱᛘᛆᚱᚵᚱᛆᛋᚢᛐᛆᛐᚱᛦᚵᚵ

ᚧᛁᚱᚡᛁᚿᛆᚿᛂᛂᚴᛐᚱᚢᛆᚵᛂᚱᚧᛆᚠᛅᚱᚦᛁᛘᛂᚱᚵᚱᛁᛘᚼᛁᛚᛑᚱᚠᚢᛚᛚᛆ

ᛐᛑᚱᛂᚴᚴᛆᛋᚡᛆᛚᛐᛄᚴᛋᛆᚱᛚᛁᚵᛐᚿᛂᛂᚴᛋᛆᚴᛆᚱᛘᚢᚿᚧᛆᚴᚦᛆᛐᚡᛆ

ᚱᛄᚠᛆᚢᚴᛁᛐᛁᛆᚱᚧᛆᚱᛘᛆᚵᚿᛁᛋᚡᛆᛚᚴᚻᛚᛑᚢᛘᛋᛅᛄᚴᛋᛄᚿᚢᛘᛑᚱ

ᛂᛦᚱᛆᚡᛆᚱᚢᛁᚼᛄᚱᚿᛁᚼᚡᛂᚱᛋᚴᛦᚿᛋᛋᛐᛆᚠᛁᚱᚱᛁᛋᛐᚿᛁᚱᛄᚴᚱᛄᚧ

ᚿᛁᚱᚱᛆᚧᛆᛂᚴᚿᛂᛘᛆᛐᛐᛆᚴᛚᛦᚿᚵᚠᛁᛋᚴᚱᛚᛆᚿᚵᚱᛚᛆᚿᛑᛋᚼᛆᛑᛑᛁᚿᚵ
ᛁᛆᛆᛎᚮᛋᚴᚮᚱᛁᛐᛁᚿᚿᛚᛂᛁᚧᛑᛦᚱᛆᚡᛆᚱᚢᚦᛂᛁᛘᛒᛁᚮᚱᛁᛒᚯᛚᛘᚯᚱᚵ
ᛋᛆᛘᛆᚿᚢᚱᛐᛆᛚᛚᛋᚡᛁᚧᛆᚱᚮᚴᛆᚴᛆᚱᚿᛒᚱᚢᚿᚿᛁᚿᚢᛘᛑᚯᚵᚵᛆᚱᛁᚿ
ᛋᛁᚧᚱᛆᚱᛒᛚᚮᛐᚿᛆᚱᛋᚡᛁᚿᛋᛚᛁᚠᚱᛋᚮᚧᛁᚿᚦᚡᛁᛆᛐᚼᚮᚿᛋᛆᚴᛆᚱᛑᛂ
ᛦᚠᚧᛁᛂᚿᚦᛆᚵᛚᛂᛦᛘᚧᚢᛂᚱᚵᛂᛐᛁᛐᛁᛐᚼᚯᚠᚧᚢᚯᛚᛚᛁᚯᚠᚢᚱᛋᛁᚮᚱᛒᛁ
ᚢᚡᛁᛋᛆᛚᚴᚮᛘᚢᚴᚮᚿᚢᚿᚡᛆᚱᚠᛦᚱᚴᚿᛂᚦᚱᛂᚿᚿᛁᚱᛆᚧᚱᚼᚮᚿᛋᛁᛆᛚ
ᚠᛆᛘᛁᚴᛋᚮᛐᛐᛁᛆᛐᛘᛆᛚᛁᚵᚱᛁᛘᚼᛁᛚᛑᚱᚴᚡᛆᚧᚵᛂᚠᛂᚴᚧᛂᚱᚵᚢᚧᚱ
ᚢᚿᚵᚢᛚᛚᛆᛐᚦᛁᚵᚵᛁᛆᚠᛁᚯᛚᚧᛆᛚᛚᛋᚠᛂᛆᚱᛆᛐᚦᛁᚿᚿᚠᚯᚧᚢᚱᛑᛆᚢᚧᛆ
ᚿᚼᚱᛁᚿᚵᛆᚱᛆᚢᚧᛆᚼᛚᚯᚧᚡᛂᛋᛋᛆᛚᛁᛆᚱᛋᛆᛚᛆᛚᛚᛆᚿᛆᛐᛁᚯᚠᚢᚱᚠᛆᛚ
ᛚᛁᚿᚿᚵᚱᛁᛘᚼᛁᛚᛑᚱᚴᚡᛆᚧᚼᚢᚿᛋᚴᛆᚱᛘᛂᛦᛁᛆᚱᚦᛅᚱᛂᚱᚼᛚᛆᚧᛆᛋᛔ
ᛁᚯᛚᛑᚢᛘᚮᚴᚵᛂᚱᛆᚵᚢᛚᛚᚡᛆᚵᚱᛐᛋᚡᛆᛆᛐᚦᛂᚱᚵᛆᛘᛆᚿᚦᛦᚴᚴᛁᛂᛁ
ᚿᛋᚴᛆᛚᛐᚢᚱᛆᚧᛆᛆᚢᚧᛁᛒᚢᚧᛚᛆᚵᚢᛚᛚᛁᚵᚯᚠᚵᚢᚧᚮᚴᚵᛂᚠᛁᚿᛆᛐᛚᛆ
ᚵᚢᚧᚱᚢᚿᚴᚡᛆᚧᚡᛁᛚᚴᛂᛁᚵᛁᛂᚴᛘᛂᚧᚡᛂᚱᛁᚵᛆᚿᚵᛆᚿᛂᛒᚱᛦᚿᚼᛁᛚᛑ
ᛆᚱᛒᚱᚮᚧᚢᚱᛂᛁᚵᛆᛋᛆᛘᛁᚱᛂᛁᚵᛁᛘᛂᚱᚡᛁᚧᛋᚮᚿᛒᚢᚧᛚᛆᛅᛐᛐᛆᛐᛆᚢ

ᛘᛐᚠᛦᚱᛑᚢᛚᛓᚴᚡᛁᛚᛑᚱᛓᛋᛐᚱᚱᛂᛁᚧᛁᛘᚢᚽᛂᚴᚦᛁᚴᚡᛁᚧᛒᚯᛚᚡᛁᛒ
ᚱᛂᚽᛖᚵᛐᚽᚵᛐᛚᛁᚴᛖᛓᚴᛚᚾᚴᛁᛖᚦᛓᛐᛐᛘᛂᚱᛚᛂᛁᚧᛁᚱᛋᛂᛁᚱᛐᛁᛚᛁᚴᚡ
ᛐᚧᚼᚢᚵᚧᛐᛂᚴᚼᛂᚱᛁᛐᚢᚽᛁᛐᛁᛂᛁᛖᚠᛐᛚᛚᛖᚦᛐᛂᚱᛂᚴᚴᚡᛁᛚᛑᛐᚴᚡᛐᛡᛖ
ᛚᛐᛐᚱᛁᚠᚽᛁᚱᛘᛂᚧᚱᛓᛐᚢᛘᚱᛓᚧᚽᛁᚱᛁᛒᛚᛓᚧᛁᛒᛓᚱᚽᛁᚱᛐᛒᛂᚴᚴᛁᛒᛂ
ᚧᛁᛐᛘᛁᚴᛐᛐᛐᛦᚵᚵᚡᛐᚼᚢᚵᚧᛐᛂᚴᛘᛂᚱᛐᚠᚼᛂᚽᛑᛁᚼᛐᚢᚴᛐᚠᛚᛁᚢᚵᛐ
ᛒᚱᛐᚧᛐᛚᛐᚢᛋᛐᛒᚯᛚᚱᛐᚽᛖᛐᛁᛚᚼᛁᚯᚱᛐᚢᚼᚢᚵᚧᛐᛂᚴᚦᛂᚱᛐᚡᛁᚧᚼ
ᚢᛖᚽᚵᛐᚢᚵᚵᛁᚽᛋᛓᚱᚵᛘᛓᚧᛋᛋᛂᚠᛐᛋᛓᛚᛚᛁᚽᛒᛚᛓᚧᛁᚼᚢᚵᚧᛐᛂᚴ
ᛘᛂᚱᛐᚠᚼᛂᚽᛑᛁᚼᚡᛂᛚᛔᛐᛚᛓᛋᛖᚵᛚᛐᚢᛘᛋᛐᚽᛑᚡᛐᛖᚵᛦᛚᛚᛁᛒᛐᚧᛁ
ᚱᚼᛓᛚᛑᚼᚢᚵᚧᛐᛂᚴᚦᛂᛁᚱᛐᛐᚼᚱᚾᚢᛘᛓᚱᚧᛁᛐᛖᚢᚧᛁᚵᚱᛖᛁᚽᛦᛁᛐᛂ
ᚴᛋᚴᛦᛚᛑᛐᚴᚵᚢᚧᚱᚢᚽᚴᚡᛐᚧᚦᛐᚱᛘᚢᚽᚢᛋᛂᚵᚵᛁᚱᛓᚠᛋᚾᛁᚽᚵᛑ
ᚾᛘᛐᛓᚴᚼᚡᛁᛐᛁᚽᚵᛐᚼᚯᚴᚧᛁᚾᛘᛐᚦᛂᛁᚱᛘᚢᚽᚢᚠᛂᛁᚵᛁᚱᚠᛐᚱᛐᛖᛐ
ᛐᚠᛦᚱᛁᚱᛑᛐᚵᛚᛁᛐᚢᛑᚱᛓᛐᛐᛓᚠᛒᛂᚱᚵᛁᛐᛐᛐᛚᛁᚴᚡᛐᚧᛚᚾᚵᛁᛑᚴ
ᛋᛁᚧᛐᚽᛁᛂᛂᛁᚴᛋᛓᚠᛐᚡᛁᛚᛑᛐᚴᚦᚱᛐᚵᛁᛐᚱᚽᛁᚴᚯᚱᚦᛐᛐᛘᛐᚽᛂᚴᚵᚯᚱ
ᚡᛐ

ᚼᛂᚱᚴᛁᛆᚼᛂᛁᛐᛆᛘᛒᚮᛐᛐᛆᛐᛚᛆᚼᚮᚿᚼᛆᚠᚧᛁᚡᛂᚱᛁᛐᚠᚱᛁᛚᛚᛆᚼᛆᚿᛋᚼᚮ
ᚿᛋᛆᚵᚧᛁᛆᛐᛚᛆᛆᛐᚼᚮᚿᚼᛂᚠᚧᛁᛋᛂᛐᚦᛁᚮᚧᚱᛂᚴᚮᚴᚵᚢᚧᚱᚢᚿᚢᛒᚾᚧᛁ
ᛋᛆᛘᛆᛗᛐᛚᛁᚡᛆᚱᚦᛆᛆᛚᛚᚮᚴᛆᛐᚱᚦᛆᚴᚡᛆᚧᚵᚢᚧᚱᚢᚿᚼᚡᛆᛐᛂᚱᚦᛂ
ᚱᛆᛐᛚᛁᚾᛒᚢᚧᛚᛆᛋᚮᚿᚱᛂᚱᚦᛂᚱᚼᚱᛦᚵᚵᛐᛁᚼᚢᚵᚼᚡᛁᚼᛚᚾᚱᚦᚢᚾᚡ
ᛆᚼᛁᛐᛐᛘᚢᚿᛑᛁᚾᚧᚱᛆᛁᚯᚱᛚᚢᛘᚦᛦᚴᚴᛁᛆᛆᛐᚡᛁᚧᛘᛂᚿᚿᛘᚾᛗᛁᚱᚮ
ᚴᛘᛁᚴᛋᚾᛁᚱᛆᛐᛚᛁᚴᚡᛆᚧᛐᚱᛂᚵᚱᛘᛁᚴᚦᛆᛐᚵᚢᚧᚱᚢᚿᚵᛁᚢᚴᛆᛑᚮᛐ
ᛐᛁᚱᛘᛂᚱᛁᚼᚯᛚᛚᚢᚼᛂᚱᚴᛁᛆᛋᛆᚵᚧᛁᛆᛐᚦᛁᛐᚦᛁᚮᚧᚱᛂᚴᚱᚢᚿᛑᚦᛆᚴᛁᛋ
ᚡᚾᚠᛁᚧᚮᚴᛚᛂᛐᛐᛚᛁᚵᛆᛚᛁᚿᛁᚡᛂᚱᚧᛁᚧᚵᚢᚧᚱᚢᚿᚴᚡᛆᚧᚦᛂᚱᛘᚢᚿᛂ
ᚴᛆᛚᛚᛋᚦᛂᛋᛋᛂᛁᚧᛆᚡᛁᚿᛗᛆᛐᛁᚿᚢᛘᚼᚡᛁᛐᛆᚼᛂᛚᚵᛆᛋᛐᛂᛁᚿᛁᛆᛐᛂᚴᚡ
ᛁᚧᚦᛁᚮᚧᚱᛂᚴᚦᛆᛐᚴᛁᛆᛐᛐᛆᚴᛂᚱᚡᚯᚱᚧᚱᚿᛂᚡᛂᚱᚱᚡᛁᚿᛆᚴᛗᛐᛐᛁᚿ
ᛂᛘᛆᛂᚴᚼᛆᛚᛋᛆᚧᛆᚼᛂᚱᛁᛆᛋᛐᛁᛚᛚᛁᛁᚯᚠᚢᚱᚮᚿᛂᛁᛋᛁᚿᚿᛂᛁᚿᚢᛋᛁᚿᚿᛆ
ᚧᚱᛆᚱᚡᛆᚱᚢᚮᚴᚴᚱᛆᚱᛋᛔᛂᚴᛁᚢᚱᛂᚱᚡᛁᛐᚼᚯᚱᛘᚢᚵᛐᚡᛆᚢᚼᚿᛁᚵ
ᚢᛘᛆᛐᚱᚢᚿᚢᛘᚼᛂᚱᚴᚮᛘᚦᛁᚮᚧᚱᛂᚴᚱᛘᛂᚧᚦᚱᛁᛆᛐᛂᚵᚢᛚᛁᚠᛆᚦᛂᛁᚱ
ᚿᛂᛂᛁᚿᛁᚱᚦᚱᛁᚵᚵᛁᛆᛐᛂᚵᛆᛘᛆᚿᛗᚼᚿᚯᚵᚵᛐᚦᚢᛘᛁᚴᛆᛐᛒᚱᚾᚧᚱᚢᛘ

ᚼᛂᛁᚧᚱᛂᚴᚱᚼᛂᛐᚴᚮᚿᚢᚿᚵᚱᛑᚮᛐᛐᛁᚱᚼᛆᚿᛋᚼᛂᛐᛒᚮᚱᚵᚿᛦᚡᛁᛚᛘᚢ

ᚿᛑᚱᚼᛂᛐᛋᛆᛂᚱᚡᛆᚱᚠᚱᛁᚧᛁᛚᛚᚼᛂᚿᚿᛆᚱᚼᚮᚿᛘᛆᛐᛐᛁᛂᛁᚵᛁᚠᛅᚧᛆᛒᚯ

ᚱᚿᛆᚧᚱᛐᛁᛚᚴᚮᛘᚮᛑᛑᚱᚢᚿᛆᛐᛚᛆᛋᛦᛋᛐᛁᚱᚼᚮᚿᚼᛆᚠᚧᛁᚡᛂᚱᛁᛐᚢᚿᚿ

ᚢᛋᛐᛆᚵᚢᚿᚿᛆᚱᛋᚵᛁᚢᚴᛆᛋᚮᚿᛆᚱᚢᛘᚦᛂᛋᛋᛆᛋᚯᚵᚢᛂᚱᚼᛂᚱᚴᚡᛂ

ᚧᛁᛐᚼᛂᛦᚱᚧᛆᛂᚴᛋᛂᚵᛁᛆᛁᛋᚯᚵᚢᛘᚠᚮᚱᚿᚢᛘᚼᚡᛂᛘᛅᚱᚮᚠᚴᚮᛘᛐ

ᛁᛚᛘᚮᚱᚿᛆᛚᛆᚿᛑᛋᛂᚿᚵᛁᛘᛆᛐᛐᛁᚠᛦᚱᛁᚯᚱᚧᛆᚠᛆᚿᚼᛂᛁᚧᚱᛂᚴᛋᛑᚮᛐ

ᛐᚢᚱᚼᛁᛆᛚᛔᛁᚱᚡᛁᚿᛆᚦᛆᛐᚠᚱᛆᚮᛑᛑᚱᚢᚿᛆᛐᛚᛆᛋᛦᛋᛐᛁᚱᛆᛐᛋᚢᛘ

ᛅᚱᚼᛆᚠᚧᛁᛘᛁᚴᛚᛆᚱᛋᚮᛐᛐᛁᚱᛒᚱᛆᚼᚮᚿᛆᚠᛋᛐᛁᛚᛚᛁᛋᛐᛁᚮᚱᚿᛒᛁᛐᛚ

ᚢᚧᚢᛘᚮᚴᛆᛋᚡᛆᚱᛐᛆᚿᛋᚯᚧᚢᛚᚮᚠᛚᛆᚡᚧᛁᛚᛂᛐᚼᚮᚿᛘᛆᚱᚠᛆᚱᛆᛘ

ᚮᛚᛑᚡᛂᚵᛋᛚᛂᛐᛐᛆᚿᚢᚿᛧᛆᛐᚼᛆᚱᛁᚴᚮᛘᚼᚯᛚᛚᛋᛐᛆᚿᛑᛆᚿᛑᛁᛋᚡᛁᛔᛐᛁ

ᚼᚮᚿᛋᚯᚧᛚᛁᛆᚠᛋᚡᚯᚿᚡᚢᛘᛁᚮᚮᚴᚼᚮᚿᛁᚿᚿᚮᚠᚡᛂᚴᚴᛂᚿᛑᛚᛆᚿᚵᛆᚿ

ᛋᛆᛚᚮᚴᚼᚮᚿᚦᛆᛐᚮᚱᚧᛆᛆᛚᛚᛋᚠᛦᚱᛋᛐᚮᚠᚴᚡᛆᚧᚼᚡᛆᛐᛂᚱᚠᚱᛅ

ᚵᛋᛐᚼᛂᚱᛆᚠᚮᛚᛑᚢᛂᚧᛆᚼᚡᛆᛐᛂᚱᚼᛚᛂᛧᛐᚼᚢᚿᛆᛚᛆᚿᛑᛋᛆᛘᛒᚮᛐᛐᚴ

ᚡᛆᚧᚼᛂᚱᛚᛁᚵᚵᚱᛒᚮᚱᚵᚿᛦᚮᚠᛒᚮᚱᛁᚿᚡᛂᚱᚴᛁᚢᛘᚡᛁᚿᛆᚦᛁᚿᚮᛑᛑ

ᚱᚢᛅᚡᛁᛐᛐᚢᛂᚠᚦᚢᚼᛁᛆᛚᛔᛁᚱᚨᛑᛑᚱᚢᛅᚴᚡᛆᚧᚼᚡᛂᚱᚱᚼᛂᚠᛁᚱᚡᛁ

ᛋᛁᚱᚡᛆᛘᛘᛋᚨᚠᛚᛁᛂᛁᛐᛆᛐᚼᚡᛁᛂᚱᚢᛒᚨᚱᚡᛅᛦᛁᛆᚱᛒᚱᛆᚧᛆᚱᛋᚨᛐᛐ

ᛁᚱᛆᛘᛒᚨᛐᛐᚴᚡᛆᚧᚡᛁᛚᛘᚢᛅᛐᛂᚱᚼᛂᛁᛐᛁᚱᚡᛁᛅᚱᚼᛆᚢᚴᛋᛐᛆᛚᛐᛂᛆᚼᛆᛅ

ᛅᚡᛆᚱᚧᛁᛘᛁᛂᛦᚡᛆᚱᛘᚱᛁᛒᛚᚾᛁᚢᚠᛁᛘᛘᚡᛂᛐᚱᛆᛚᛚᛆᛋᚡᛆᚼᚨᛅᛋᛁᛅ

ᛅᚠᚻᚧᚢᚱᛚᛂᛦᛅᛐᛂᛁᚦᚾᚱᚼᛦᚴᚴᛘᚾᛖᚢᚦᚡᛁᚵᛁᛐᚠᛚᛂᛁᚱᛆᚡᛂᚴᚴ

ᛘᛁᛖᛂᚠᛦᚱᚴᛅᛂᛘᛂᛦᛁᚢᛆᛐᛋᛁᛐᛁᛆᚱᛁᚴᛐᚵᚨᛚᚨᛑᛑᚱᚢᛅᚱᛆᛘᛘᛐᚵ

ᚨᛚᚨᛑᛑᚱᚢᛅᛒᛁᛐᚱᛆᚵᛆᛖᛂᚱᛆᛆᛐᛒᚨᚱᚵᛅᛦᛁᚢᚴᛗᛐᛐᛁᛘᚾᚱᚨᚴᛘᚻ

ᚵᚱᛘᚨᛖᚡᛂᚵᛋᛔᚨᚱᛗᛒᚻᚱᛅᚦᛆᚢᛁᛅᛒᛚᛁᚧᚢᚡᛁᚧᛒᛆᛗᚼᚻᚵᛗᚦ

ᛐᛐᛗᛘᛆᛁᛐᛘᚾᛚᛆᛘᚾᚱᚠᛁᚻᚱᛋᛁᚢᚴᛆᛋᚡᛆᛐᛐᚼᚨᛅᛂᚴᚴᛁᚴᚡᛆᚧᚨᚱ

ᚧᛁᛐᚠᛦᚱᚱᛆᛋᚡᛆᚼᛁᛆᛚᛔᛁᚦᛂᚱᚼᚨᛚᛚᛆᚱᚡᛂᛐᛐᛁᚱᚠᚱᛁᚵᚡᚨᚴᚠᚱ

ᛂᛦᛁᛆᚨᚴᚠᛚᛂᛁᚱᛁᚵᚨᚧᛋᛂᛘᚦᚢᚠᛂᛖᛂᚱᛘᛂᚱᚠᛆᚱᛆᚠᚼᚻᛅᛑᚢᛘᚨ

ᛑᛑᚱᚢᛅᚴᚡᛆᚧᚼᛅᛂᚴᛆᛐᛂᚴᛆᚠᚦᚡᛁᛐᛁᛚᚼᛁᛆᛚᛔᛆᚱᚦᛂᚱᛆᛐᚦᚢᚡᚾᚱᛁ

ᚱᚦᛂᛋᛋᚡᛂᚱᚧᛆᛖᛂᚱᛂᚵᛁᚼᛂᛐᛂᚴᚨᚴᛂᚠᛅᛑᚴᛂᚱᛂᚴᚼᛁᛅᛁᚵᛘᚾᛖᛆᛆ

ᛐᛂᚴᚼᚡᛁᚡᛂᛐᛗᚼᛁᛆᛚᛔᛆᛋᚴᛦᛖᛂᛆᚴᚦᛆᛂᚱᚻᚧᛚᛁᛅᚡᛆᚱᛆᚱᚠᛁᛋᚴᛁ

ᚴᚱᚼᛆᚠᛆᚮᚱᚧᛁᛐᛒᚾᚧᛁᛂᚿᛘᛁᚴᛆᛐᛚᛁᚴᚡᛆᚧᛂᛁᚵᛁᛘᚢᚿᛑᚢᛚᛦᛐᛁᚱᛆ

ᚧᛆᚿᛂᛚᚯᛋᛐᚵᛂᚱᛆᛂᚿᛋᛚᛁᚴᛋᛋᚴᛦᛚᛁᛋᛦᚿᛁᛆᛆᛖᛂᚱᛁᛘᛆᚧᚱᚠᛦᚱᛆ

ᚿᛙᚿᚦᛆᚱᛂᚱᛘᚢᚿᚢᚧᛐᛂᛂᛁᛚᛁᚱᛋᛂᚿᛂᛐᛆᛐᛚᛆᚱᚢᛋᛁᛙᚢᛘᛘᛦᚱᚴᚡ

ᛆᚿᚡᛁᚧᛘᛁᛙᛐᚠᚱᛂᛁᛋᛐᛆᚮᚴᚦᛂᛁᚱᚴᚮᛘᚢᚦᛆᚱᛂᚱᚦᛂᛁᚱᚴᚮᛘᛆᚿᛂᛋ

ᚴᛦᛖᛂᚢᛐᚦᛆᛂᚱᛒᚱᛂᛁᛐᛂᛐᚢᛘᚡᛁᛐᛒᛚᚾᛁᚢᛂᛁᛙᚮᛐᛂᛐᚱᚢᚿᚴᚡᛆᚧᛒᚢ

ᚧᚢᛘᚡᛁᛐᚦᛂᚵᚿᚢᛘᛒᛆᚢᚵᛆᚱᛆᚢᚧᛆᛆᛐᚦᛂᛁᚱᛂᛁᚵᛁᛐᛁᛚᛁᛐᛚᛆᛋᛂᚵᚧᛁ

ᛂᚿᚦᛂᛁᚱᚼᚡᛆᛐᛚᛁᚵᛆᚼᛂᛁᛘᛋᚴᚢᚿᛂᛐᚢᚧᚢᚮᚴᚮᛚᛁᚵᛆᛆᛐᛚᛆᛋᚯᚵᚧᚢᛂ

ᚿᚦᛂᛁᚱᚵᚢᚧᚱᚢᚿᚢᚵᚯᚱᛚᛆᛚᛂᛦᚿᛐᚢᚦᚡᛁᛆᛐᚼᚮᚿᚼᛂᛖᛂᚱᚡᛁᛐᛆᚼᛆᛚ

ᚠᚢᛋᚴᛦᛖᛂᚼᛚᛦᛘᚱᚡᛆᚱᛆᛐᚼᛂᛦᚱᛆᚼᚮᚠᚵᚢᛚᛚᛁᚿᛙᚦᛆᛂᚱᛁᚵᛆ

ᚱᚧᚱᛁᚧᚢᚵᛁᚢᚴᛆᛆᚱᚠᛆᚱᚦᛂᛁᚱᚮᚱᚼᚯᚵᛙᚼᛁᛆᚱᛐᛆᛋᚴᛆᚱᚢᛂᚿᛁᚮᚱ

ᛘᚵᛆᚱᚧᛆᚿᛙᚿᛚᚯᚵᚧᚢᚡᛆᚱᛂᚴᛂᚿᚿᚠᛆᚱᛁᚿᛂᛁᚿᚢᛋᛁᚿᚿᛁᛐᛁᛚᚵᛂᛁᚱ

ᛘᚢᚿᛑᛆᚱᚵᛂᚱᚡᛆᛑᚱᛦᚴᚴᛁᚢᛙᛘᚼᚮᚱᛋᚴᚱᚴᚮᚿᚢᚿᚵᚱᚼᚯᚱᛔᚢ

ᛋᚡᛂᛁᚵᛁᛆᚦᚡᛁᛆᛐᚼᛆᚿᚿᚼᚢᚵᚧᛁᛘᛁᚴᛐᛁᛚᚼᛁᛆᛚᛔᛆᚱᛋᛂᚱᚴᛦᚿᚱᛁᚴ

ᚱᚴᚮᚿᚢᚿᚵᚱᚮᚠᚴᚮᛘᛆᛘᚢᚿᛂᛐᚢᛙᛘᛂᚴᛆᛐᚼᛂᛦᚱᛆᚮᚱᚼᛚᛂᛋᛂᛦᛁ

ᚢᚼᚡᛂᚦᛆᚱᛆᚠᛋᛆᚱᛁᚧᚢᛘᛋᛆᚱᛂᛐᚡᛁᚱᚡᚢᛚᛚᚢᛒᛆᚧᛂᚴᛆᛘᛒᛆᛆᛆᛁ
ᚱᛒᚢᛗᚱᚡᛂᚱᚧᛆᚡᛁᛚᛂᛆᛂᚴᚠᛦᛚᚴᛁᛋᚠᛁᚾᚱᚡᛁᛒᛆᚱᚡᛆᚽᛂᛂᚱᚢ
ᛐᚴᚡᛆᚧᛚᛂᛆᚢᛘᚨᛚᛁᚽᛆᛆᚨᛆᚱᛋᚢᛐᛂᛦᚨᛁᚱᚢᛐᛣᛂᚴᛆᛚᛚᛆᛋᛆᚴᛆ
ᛚᛆᚡᛆᚱᚧᛆᚦᛆᚴᚽᛘᛁᛗᚱᛘᛆᚢᛆᛋᚴᚾᚡᛆᛐᛂᛆᛁᛘᚽᚧᛁᚱᛆᛆᛚᛆᚼᚽᛐᛋᚴ
ᛦᛚᛁᛘᚽᚱᛗᚽᚴᚡᚢᛐᛗᚱᛁᚡᚱᚽᚨᛆᛁᛚᚼᛆᚱᛆᛆᛋᚡᛆᛆᛆᛂᚴᛘᛆᛆᛆᛁᚡ
ᛆᚴᛘᚿᚱᚢᛘᛒᛁᛆᚱᚡᛆᚽᚨᛆᚢᛐᛂᚱᚢᛘᚴᚦᛆᛆᚼᚨᛁᛂᚴᛂᚨᛆᛁᚱᛘᛆᚴᛚᛁ
ᛁᛐᚡᛂᛐᚡᛁᛋᛒᛁᛚᛚᛁᚨᛁᚼᛆᛚᛂᛆᛂᚱᛂᚴᚽᚡᛐᚼᚡᚾᛆᚢᛘᚢᛐᛗᚦᚽᛆᛆᚢᛘ
ᚴᛋᚨᛂᚱᚧᛆᛆᛂᛂᛁᛚᛁᛋᛂᛘᛋᛁᛆᛚᚨᚱᛁᛘᛂᚱᛋᛆᛆᛁᚢᚽᚴᚼᛚᛦᛂᛂᛁᚱᛘᛂᚧ
ᛆᛐᛂᚴᛋᛆᚡᚧᛆᚴᚦᛂᚱᛘᚾᚱᚡᛁᛚᛚᚽᚨᛋᚴᚾᛔᛘᛁᛐᚽᚴᚦᛂᛁᚱᛆᛘᛆᚧᚱᚼ
ᚡᛂᚱᚱᛚᛁᚨᛁᚱᛆᛆᛘᚢᛐᚢᛘᛋᛁᛐᚢᛘᛐᚢᛂᚱᚽᚨᚡᛂᛐᚡᛁᛐᛐᚡᚱᛆᛆᚱᚽᛂ
ᛂᚱᚢᛗᚱ

ᚵᚢᚧᚱᚢᚿᚵᛁᚢᚴᛆᛑᚮᛐᛐᛁᚱᚼᛂᚠᚿᛑᛁᛒᚱᛅᚧᚱᛆᛋᛁᚿᚿᛆᛋᚡᛆᛋᛂᛘᚠ
ᚱᛅᚵᛐᛂᚱᚮᚱᚧᛁᛐᚼᚮᚿᛑᚱᛆᛔᚠᛦᚱᛋᛐᛋᚮᚿᚢᛆᛐᛚᛆᛂᚿᛂᚠᛐᛁᚱᛑᚱᛆᛔ
ᚼᚮᚿᛆᛐᛚᛆᚮᚴᛒᚱᛂᚿᚿᛑᛁᚼᚯᛚᛚᛁᚿᛆᚮᚴᚼᛁᚱᚧᛁᚿᛆᛆᛚᛚᛆᚢᛘᚦᛂᛐᛐᛆᛂᚱ
ᛋᛁᛆᚴᚡᛁᚧᛆᚮᚱᛐᛆᛐᛚᛁᛋᛂᚿᛑᛁᛆᚱᛐᛁᛚᚵᚢᚿᚿᛆᚱᛋᚴᚢᚿᚿᛆᚿᛋᛂᚵᚵᛆᛐ
ᚱᛁᚧᛆᚴᚿᛂᚠᚱᚯᚧᚱᚡᛆᚱᛋᛆᚼᛂᛁᛐᛁᚿᚿᛆᛐᚵᚯᚱᚧᚢᛘᚴᚮᛘᚼᛆᚿᚿᚵᛁᚢ
ᚴᛆᚮᚴᛆᛐᚵᚢᚿᚿᛆᚱᛋᚼᚯᛚᛚᚢᛒᛂᚴᚴᛁᚢᛘᛆᚱᛁᚿᚵᚱᛂᛦᛔᚢᛘᚮᚴᛆᛐ
ᛒᛁᚮᚱᛁᛋᚡᛆᛋᚢᛘᛑᚱᚢᚴᚴᚢᚦᛆᚱᛑᚱᚮᛐᛐᛘᛂᚵᛁᚱᛂᚿᛑᛦᛚᛂᚿᛑᚱᚦ
ᚯᚵᚧᚢᚡᛁᚿᛁᚡᛆᛚᚼᚯᛚᛚᚢᚡᚱᛂᛁᚧᛁᛋᛆᛋᚴᚦᛂᛁᚱᚼᚢᚿᛆᚴᛆᛚᛚᛆᚧᛁᚦᛆ
ᚴᚿᛂᚠᚱᚯᚧᚱᚴᛆᛚᛑᚱᛁᚱᚯᛑᛑᚢᛋᛂᚵᚵᚱᛁᚿᚿᛋᚢᚧᚱᛅᚿᛁᛋᛆᛐᚼᛆᚿᚿᛆ
ᛒᛂᚴᚴᚼᛆᚢᛘᛆᛐᛚᛁᛘᛁᚴᚼᛁᚿᚵᛆᛐᛋᛂᚿᛑᛁᚱᛁᚧᛆᛂᚱᛂᚿᛑᛁᛘᛆᚱᛁᚿᚢᛘᛘ
ᛂᛚᚵᚱᛂᛦᛔᛆᛘᛦᚱᚴᚡᛁᚧᛁᚿᚿᚮᚴᚢᚿᚿᛆᛆᛐᛒᛁᚧᛁᛆᛦᚧᚱᚵᚢᚿᚿᛆᚱᚱᛆ
ᛐᛁᛐᛆᛒᛂᚴᚴᚴᛅᛘᛁᚧᛘᛂᚧᚼᛁᛆᛚᛘᚢᛘᛆᚱᛁᚿᚵᚱᛂᛦᛔᚢᛘᛆᛐᛋᛅᚴᛁᛆᚼ
ᛂᛁᛘᛆᛐᛚᛆᛋᚴᛁᚯᛚᛑᚢᚴᚿᛂᚵᚢᚧᚦᛆᚱᚡᛂᛚᛁᛆᚮᚴᛋᚴᛆᚠᚿᛆᛆᛋᚴᛆᚼᛁᛆ
ᛚᛘᛆᚵᚢᛚᛚᚱᚮᚧᚿᛆᚮᚴᚼᚢᚿᛆᛘᛂᚿᚵᛁᛋᛁᛚᚠᚱᚵᛦᛚᛚᛐᛋᚯᚧᚢᛚᚴᛚ

ᚵᛁᛆᚱᛁᚧᛁᛐᛁᚼᚱᛁᚿᚵᚱᛆᚢᚧᚢᛘᛦᛚᚠᛋᚴᚱᛂᚱᚡᛂᚵᚱᚮᚴᚴᛆᚱᚱᛆᛐᚱ

ᛁᚧᛆᛂᚱᛂᚿᛑᛁᚿᛁᚧᛁᛆᚱᚼᚡᚯᛐᛐᚢᚵᚢᚿᚿᛆᚱᚿᛂᚿᛆᚢᚿᚵᚱᛆᚿᚿᛆᚱᚱᚱᛦᚿᛂ

ᚿᛑᚱᚿᛂᚱᛆᚧᛂᚿᛑᚱᚿᛂᚦᛂᛁᚱᛂᚱᚱᛁᚴᛁᚱᚡᛆᚱᚢᚴᚡᛆᛑᛑᛁᚦᛆᚵᚢᚿᚿᛆᚱᚱ

ᛋᛂᛘᚴᚮᚿᚢᚿᚵᚱᛋᚴᛦᛚᛑᛁᛘᛅᚱᚱᛁᛘᛁᚯᚧᚱᛆᚿᚿᛁᛆᚴᛘᚮᚧᛁᛋᛐᚮᚱ

ᚢᛘᚱᛁᛋᛐᚢᚿᚢᚠᛁᚯᚱᚿᛁᚱᛚᛆᛐᛐᚢᛆᚠᛚᛂᛐᚡᛆᚧᛆᚵᚱᛂᛔᛔᛆᚵᚢᛚᛚᛋ

ᚴᛆᛚᛁᚱᛘᛂᚧᚵᚢᛘᚿᛆᚼᚯᚿᛑᚢᛘᚢᛚᚠᚱᛘᚢᚿᚱᛆᚧᛆᛆᚱᚠᛁᚿᛁᚠᛚᚢᚿ

ᚵᛆᚵᛆᛘᛚᛁᚱᚵᚱᛆᚿᚡᛆᚱᚧᛁᚱᛂᚠᚵᚢᚿᚿᛆᚱᛋᛘᛁᛋᛋᛁᚱᛒᛁᚱᚿᛁᚱᛒᛚ

ᛆᚴᚴᚠᛁᛆᛚᛚᛁᚱᛒᛁᛐᛆᚦᚱᛂᚠᛐᚯᚿᚿᚢᛘᚵᛆᛘᚿᛆᚵᚱᛂᛦᛋᛐᚮᚧᛁᛂᚠᚵᚢ

ᚿᚿᛆᚱᚱᚿᛂᚴᛂᛘᚱᛆᛐᛚᛂᛁᛑᛑᚢᛚᛆᚿᛑᚱᚯᚵᚿᛁᛚᛦᚧᛆᚱᚮᚿᛂᛁᛋᛁᚱᚵᚱᛆᛐᛂ

ᚿᛑᚱᚵᚢᚿᚿᚼᚡᛆᛐᛆᚮᚱᚵᛆᚱᚧᛁᚼᚢᚿᛆᚦᛆᚴᚡᛆᚧᚦᛆᛐᛁᚿᚿᛅᚱᛁᛂᚱᚠᛁᚡ

ᚯᚱᚦᚱᚼᚯᚵᚿᛆᚼᛂᛁᛚᛁᚱᚡᛆᚱᛁᚧᚿᚢᚮᚴᚼᚮᚱᛋᚴᛁᚱᚼᚡᛆᚱᛋᛦᚴᚴᚱ

ᚼᚢᚵᚱᛐᛂᛦᚵᛁᚱᚠᛂᛐᚢᛘᛚᛂᛐᚢᚠᚱᛅᚴᚿᛁᚱᚢᛘᚠᛁᚯᛚᛚᛆᛐᚦᛦᚱᛁᛆ

ᛘᛆᚱᛁᛁᚿᛆᛘᛂᛚᚵᚱᛂᛦᛔᚢᛘᛦᚱᚴᚡᛁᚧᛁᚿᚿᚮᚴᚢᚿᚿᛆᚼᚱᛁᛋᛐᛁᛋᚴᚯ

ᛚᛚᚼᚢᚿᛘᚯᚱᚴᚦᛆᚱᛂᚱᚼᛆᚱᚧᛘᚮᚧᚵᛁᚱᚡᚮᚱᚢᚱᛆᚴᚢᚦᛂᛁᚱᚡᛆᚿᛑ

ᚱᛋᛆᚮᚱᛘᚵᛆᚱᚧᚱᛦᚴᚴᚱᚮᚠᚠᚮᛚᚵᛁᚿᚿᚵᚢᚿᚿᛆᚱᚱᚴᚡᛆᚧᛋᛂᛁᚿᛆ
ᛐᛂᚱᚿᚢᛋᛦᛋᛐᛁᚱᛆᛐᛋᛆᛘᚿᛆᚿᛁᚠᛚᚢᚿᚵᚢᛘᛚᛆᚿᚵᛐᛂᚱᛆᛐᛚᛂᛁᛐᛆᛚᛦ
ᚧᛆᛋᛁᚿᚿᛁᛋᛐᛁᛚᛂᚠᚱᚮᛋᛘᚢᚠᛁᚯᛚᛚᚱᛁᚿᛆᚱᚱᛂᚴᚴᛆᚮᚿᛂᛁᛋᛋᛆᚠᛂᚿ
ᚵᚢᚦᛂᛁᚱᚵᚢᚿᚿᛆᚱᚮᚴᛁᚠᛁᚯᛐᚢᚱᛋᛂᛐᛐᚢᚡᛁᚿᛒᚮᚱᚵᚢᚿᛑᛆᚮᚴᛒᚢ
ᚿᛂᚢᚠᛆᛋᛐᛚᛆᛋᛁᛆᚢᚼᛁᚮᚼᚯᚵᚿᛁᛋᚡᛂᚱᚧᛁᚼᚡᚯᛋᛋᚢᛂᚿᛁᚿᚢᛘᛆᛐᛐ
ᛆᚼᚱᛆᛐᛐᚼᛆᚿᚿᛁᛂᛚᛑᚼᛂᛁᛐᛆᚿᛋᚡᛆᛋᚴᛆᛚᚠᚱᛅᚴᚿᚠᛁᛆᚿᛑᚢᛘᚡᛂᚱᛆ
ᛋᚴᛋᛂᛘᚼᚯᚵᚿᛁᚡᛆᚱᚧᛁᚼᛂᚿᛑᚱᛋᛁᚿᛆᚱᚵᚢᚿᚿᛆᚱᛋᚠᚱᛆᚵᚢᚠᚱᛅ
ᚴᚿᛆᚿᛂᚠᚠᛁᚯᚱᚡᛁᛚᛑᛁᚵᚮᛐᚿᛆᚦᛁᚮᚧᛆᚿᚿᚵᚢᛚᛚᛁᚴᛆᚢᛔᛁᚼᛁᛆᚱᛐᛆᛋ
ᚴᛆᛚᛘᛂᚱᚼᚯᚵᚿᛆᛁᚼᛂᚿᛑᛁᛚᛁᚵᚵᛁᛆᛒᛚᚮᚧᚢᚵᛐᚮᚱᛒᚱᛁᚮᛋᛐᛁᛋᚴᚮᚱ
ᛁᛐᛒᛆᛚᛑᚱᛁᚧᛆᛋᛆᛎᛁᛋᛚᛁᚧᚱᛒᛂᛁᛐᚢᛋᛦᚿᛁᚦᛁᚮᚧᛆᚿᛋᛋᚴᛆᚱᚢᚦᛂᛁ
ᚱᚼᛁᛆᚱᛐᛆᚼᛁᛆᛚᛚᛁᚮᚱᛒᚱᛁᚮᛋᛐᛁᛒᛚᚮᚧᚢᚵᛐᚮᚴᛆᛒᛁᚮᚧᛚᚯᚵᚧᚢᚮᚴ
ᛒᛆᚱᚢᚦᛆᛐᚠᛦᚱᚵᚢᚿᚿᛆᚱᚦᛆᚴᚡᛆᚧᚦᛆᛐᚵᚢᚿᚿᛆᚱᚱᚵᚢᛘᚿᛆᛑᚱᚮ
ᛐᛐᛁᚿᚿᚼᛂᚱᚼᛂᚠᛁᛂᚴᚼᛁᛆᚱᛐᛆᚼᛁᛆᛚᛚᛆᛁᚿᛋᛒᛚᛆᚢᚧᛆᚮᛚᛁᚴᛐᚼᛁᛆᚱᛐᛆ
ᚼᚯᚵᚿᛆᛁᚿᛋᚠᚱᛅᚴᚿᛆᛂᚱᛘᛁᚯᚴᛒᛁᚠᛆᛋᚴᛂᚱᛆᛒᛁᚮᚧᛁᛚᛁᚵᚵᚱᛒᛁᚠ

ᚧᛁᛋᚴᚼᛆᛚᚠᚢᛘᛂᛁᚱᛂᚱᛁᛒᚱᛁᚭᛋᛐᛁᛚᛆᚼᛚᚭᚦᛆᚼᚾᚡᚽᛁᛂᚱᛐᛁᛚᚼᛁᛆᚱᛐ
ᛆᛋᚴᛆᚱᚢᚠᚡᛁᚴᚡᛆᚽᚴᚢᛘᛒᛚᛆᛋᛘᛁᚧᚴᛚᚾᚴᚴᚡᛆᚼᛆᚽᚽᛋᛁᛧᛐᚼ
ᚢᚡᚧᛁᛒᛚᚭᚧᚢᚡᛐᚦᛆᛐᛆᛒᛁᚭᚧᛚᚾᚡᚧᚢᚭᚴᛒᛆᚱᚢᚠᛦᚱᚡᚢᚽᛖᚱᛘ
ᛅᚱᚱᚴᚡᛆᚧᚦᛆᛐᚡᚢᚽᛖᚱᚱᚡᛂᛁᚱᚽᚡᛚᚢᚽᚡᚱᚼᛂᚱᚼᛂᚡᛁᛂᚴᚼᛆᚱ
ᛐᛆᚼᚾᚡᛖᛁᚽᛋᚡᚱᛅᚴᛖᚭᛚᛁᚴᛐᚼᛁᛆᚱᛐᛆᚼᛁᛆᛚᛚᛆᛁᚽᛋᛒᛚᛆᚢᚦᛆᛂᚱᛚ
ᛁᛐᛒᛁᚡᛆᛋᚴᛂᚱᛆᛒᛁᚭᚧᛁᛚᛁᚡᚡᚱᛒᛁᚡᚧᛁᛋᚴᛋᚡᛆᚡᛁᛘᛁᚾᚴᚦᛆᛂᚱᛁ
ᛒᚱᛁᚭᛋᛐᛁᛚᛆᛋᚡᛆᛋᚴᛆᛖᚢᛆᛐᛚᛆᚢᚡᚢᛘᚡᛆᚱᚱᛁᛋᛂᛘᛘᚢᚽᛘ
ᛂᚽᚢᛘᚡᛂᚱᚧᛂᚱᚢᚽᛐᛂᛂᚽᚢᛘᛘᛂᚱᚾᛚᛚᚭᚡᚡᚭᛚᚡᛁᚽᚼᚭᛐᛂᛂᚽᚡᛚ
ᚢᚽᚡᛆᛚᛁᚡᛁᚱᛆᚽᚢᚼᚾᚡᚽᛁᛂᛦᚡᛆᚱᛘᛂᚱᛐᛦᛁᛆᛘᛂᚧᛆᚽᚡᛁᛐᛐᚡᛂᚱᛚ
ᛁᚡᚧᚢᛘᚽᚢᛂᚱᛘᛂᚱᛂᚽᚡᛁᛂᚱᛂᚴᛂᛁᚽᛚᛁᚡᛁᚴᚱᛁᚽᛋᚴᛆᛚᚱᛆᚧᛆᚱᚭᚡ
ᛘᛆᛚᛘᛁᛋᚴᛆᛐᛖᛋᚡᛁᚽᛖᛋᚴᚢᚽᛖᛆᚱᚡᛁᚽᚡᛚᚢᚽᚡᛆᚡᛂᛖᛆᛑ
ᛆᚡᛆᛐᚽᛁᛚᛦᛋᛆᛋᚴᚡᛆᛚᛒᛆᚢᚡᛆᚱᚼᛂᛖᚱᛂᛖᚼᚾᚽᛑᚢᛘᚡᚢᛚᛚᛋᚴ
ᛁᚽᛁᚼᚢᛖᛒᚾᚱᚽᚢᛘᛆᛐᛚᛁᚴᚡᛆᚧᛦᚴᚡᛁᚧᛂᚱᚼᚡᛂᛚᚡᚾᚡᚽᚢᛘᚼᛆᚡ
ᛐᚱᛂᚱᚽᚢᛁᛒᚾᚽᛑᚢᛘᛆᛐᛚᛁᚽᚽᚱᛁᚴᛁᚱᛂᚧᚡᛚᛆᚢᛘᛘᚾᚽᚢᛘᛋᛚᛂᚡᛁ

ᛆᛆᚱᛓᚡᚦᛓᚱᛆᚢᛘᛋᛁᚫᛁᚢᛆᚡᚱᚦᛂᛁᚱᚿᚡᚢᚧᚱᚢᛆᛋᛁᚡᛐᛁᚫᚿᚪᚿᚱᛆ
ᚿᚧᛁᚪᛁᚧᛐᚿᚱᚢᛘᚪᚿᚧᛁᛆᛁᚦᛦᛋᚼᛄᛚᛚᚢᚡᚢᚧᚱᚢᛆᚠᚪᚿᚧᛋᚪᚿᚡᚿ
ᛆᚡᛁᚦᛂᚱᚿᛐᛚᛁᛋᛂᛘᚦᚢᚪᛁᚧᚡᚢᛆᛗᚱᚿᛐᛐᛁᚱᛂᛁᚧᚿᛓᚫᛐᛓᚠᛋᚪᚿᚱ
ᚧᚿᛓᚠᚿᚱᛓᚫᛆᛂᚫᛆᛐᚿᚿᛐᛋᛓᛚᛁᛆᛆᛁᛋᚢᚧᚱᚼᛄᛚᛚᚢᛓᚠᚿᛐᛋᛁᚡᛐᛁᛦᛋ
ᛒᚱᚡᛁᚼᛄᛚᚠᚪᛁᚼᚪᛁᛚᛒᚧᛁᚿᚱᛓᚠᚿᛐᚼᚱᛁᛆᚡᛁᚢᛚᛚᚿᚱᛓᚠᛘᛂᛁᚱᚦ
ᚿᚧᚿᛆᛘᛂᛆᚪᛄᚱᚧᛒᛁᛐᚢᛚᛋᛐᛓᛚᚡᚱᛄᚡᛆᛁᛐᚱᛓᛐᛁᛚᛂᚿᚢᚧᛋᛋᚠᛓᚠ
ᚠᚱᛚᛁᚫᚿᛆᛐᛂᚿᚡᚱᚿᛘᛚᚿᚡᚧᛁᛁᚡᚿᚱᚧᚦᚿᛆᛂᚱᛋᚠᚱᛁᚧᛁᛆᚪᚿᚱᛋᚠᚿ
ᛐᛗᛘᛂᛆᚡᛁᛁᛆᛗᛆᛓᚱᛘᚢᛘᛂᛆᛂᛁᛆᛆᚡᚢᛆᛗᚱᚱᚼᛂᛁᚫᛐᛘᛓᚧᚱᚼᛄᚱᛒ
ᚢᚼᛂᛆᛐᛁᚠᛆᛁᚧᛁᚡᛚᚢᛘᚧᚢᛋᛐᚱᛂᛆᚡᛁᚱᛋᚪᚿᛋᚠᚿᛚᚡᚢᛚᛚᛁᚫᚱᚽᚠ
ᛆᚼᚱᛁᛆᚡᛐᚱᛁᚫᛁᚪᛁᚧᚫᛁᚱᚿᚼᚿᛚᛐᚿᚿᛐᛚᛁᛚᛂᛐᛚᚿᛆᛐᛋᛋᛁᛆᛋᚿᚪᛁᛐᛁᛓ
ᛂᛦᚱᛋᚠᚿᚿᛗᚫᛐᚱᚠᚱᚿᛘᛓᚱᚧᛁᛐᛦᛆᚱᚪᚿᚱᛁᚡᚿᚱᚧᛁᛐᚱᛄᛋᛚᚢᛘ
ᛓᚫᚦᚱᚢᛆᚡᛁᛐᚪᚿᛒᛆᛋᛄᛆᚡᚱᚪᛁᚱᚧᚿᚪᚿᚱᚢᚿᚫᚼᛂᛁᚧᛁᚠᛓᛘᛆᚱᚢ
ᛐᚡᛂᚠᚠᚦᚿᚡᚢᚧᚱᚢᛗᛐᛚᚿᛁᚡᛄᚡᛆᛘᛂᚧᚡᛦᛚᛐᚢᛘᚠᚿᛚᚠᛁᚿᛐᚱᛂ
ᚫᚿᚡᛁᛄᛚᛐᚱᛄᚡᛆᛁᛋᚦᛁᚡᚡᛁᚿᚠᛗᛐᛐᚢᚦᛂᛆᚡᛁᛚᛚᛁᚦᛁᛆᛆᛁᚼᛄᛚᛚᚢᚡ

ᚼᚱᛁᛆᚡᚢᛘᚱᛅᚢᚧᚢᛘᚱᛂᛁᚠᚧᛁᚼᛡᛆᚼᚢᛋᚴᛅᚱᛚᛅᛋᚴᛀᛔᛚᛂᛐᚼᛡᛆᚡ
ᛅᚾᛅᛂᛆᛋᚴᛁᚱᛅᛆᛘᛅᛚᛘᚡᛅᚧᛁᛅᚾᚡᛅᚠᛚᛁᛡᚧᛂᚴᚴᛁᚡᛅᚧᛁᚠᛁᛅᚱᚡᚼᚢ
ᛋᛅᛡᚡᛅᚱᚱᛅᛐᛚᛁᛡᚧᛅᛆᚼᛅᚠᚧᛁᚼᛅᛆᛆᛋᛁᚴᛑᚱᚢᚴᚴᛁᛐᚡᛅᛔᛆᚼᛅᚠᚧᛁ
ᚼᛅᛆᛆᛂᚴᚴᛁᚡᛅᚱᛅᚧᛁᛐᚼᛅᛆᛆᚡᛁᚧᚡᚢᛑᚱᚢᛆᚢᛡᚠᛐᚡᛅᚱᛋᛅᛚᛂᚴ
ᚱᛒᛂᛐᚱᛁᚦᛅᛂᚱᚦᛅᚢᛚᛁᛆᛐᛋᚴᛦᛗᛂᚢᛡᚠᛐᚱᚢᛘᚠᛅᚧᛘᛅᛋᚴᚠᛦᚱ
ᛀᚧᛚᛁᛆᚡᚢᛘᚼᛡᛆᛒᛂᚧᛒᚱᛡᛑᛑᛁᚡᛅᚠᛒᛚᛡᚧᛁᛐᛑᚱᛂᚴᚴᛅᚼᛂᛆᛑᛁᚼᛂᛚ
ᚠᚢᛋᛋᛁᛡᚴᚼᚡᛂᛚᛔᛅᛚᛂᛦᛋᛐᛁᚼᚱᛅᛐᛐᚠᛦᚱᚼᛅᛚᛚᛅᚱᛑᛦᚱᚱᛡᚴᚼ
ᚢᛋᚴᛅᚱᛚᛅᚡᛅᚴᚧᛁᛒᚱᛅᛆᛑᛁᛒᚱᚢᚧᚱᚼᛂᛁᛐᚢᛘᚦᛅᚢᛚᛁᛂᛐᚼᛡᛆᚡᛁᛀᛚ
ᛑᛒᚱᚾᚧᚱᛅᛂᛗᛂᚡᛅᚠᚼᛡᛆᚦᛅᛁᛚᛚᛅᛂᚱᛁᛆᛆᛁᚡᛅᚱᚢᛡᚴᚠᚱᛅᛘᛡᚱᚧᛁ
ᚦᛂᛁᚱᛅᚡᚢᛆᛅᚱᛋᚴᛡᛘᛆᚱᚡᛅᚱᚢᛡᚱᛘᛦᚱᚴᚼᛂᛁᛘᛁᚠᛡᚱᛆᛐᛁᛘᛒ
ᚱᚠᛂᛚᛚᚢᚠᛁᛅᚱᚡᚼᚢᛋᚱᚢᚴᚢᛒᚾᚱᛒᚢᚧᛚᚢᛆᚡᛅᛒᚱᚢᛆᛆᚢᛡᚴᛋ
ᚴᛅᛗᛘᛂᛦᛅᚱᛁᛆᛆᛁᛅᛗᚱᛋᛅᛐᛘᛅᚱᚼᛆᛁᚡᚢᛁᛂᛗᛂᚼᛂᛁᛐᛅᛆᚠᚢᛚᛚᚱ
ᚾᛐᛐᛂᚱᚢᛘᚦᛂᛐᛐᛅᚠᛂᚱᚱᛂᛆᚡᛁᛋᚡᛅᛋᛁᚧᛅᛆᛒᚱᚢᚧᚱᛁᛒᚱᛦᛆᛁᚢᛒᚱ
ᚾᚧᚱᛅᛅᛐᚼᛂᚠᛆᛅᚼᛡᛆᚼᛂᚠᛁᚱᚦᚱᛁᚡᚡᛁᛅᚦᛁᛡᚧᚴᛡᛆᚢᛆᚡᛅᛒᛅᛆᛡᚱᚧ

ᛒᚮᚱᛁᛚᛒᛁᚯᚱᛚᛆᚧᚱᛋᛦᛖᛁᛂᚿᚿᛋᛂᚡᛁᚱᚡᛚᛂᚡᚡᚱᛆᛁᛆᛚᛚᛆᛘᛆᛚᚢᛘ
ᛁᚿᚢᛘᚡᚱᛅᚿᛚᛂᚿᛦᚠᚢᛘ

ᚠᚱᛂᛐᛐᚼᛂᚠᛁᚱᚯᛚᛑᚮᚡᚢᚦᛆᛂᚱᛂᚿᛑᚱᚮᚠᚵᛂᚱᚧᚢᛋᛂᚵᚵᛁᚱᛋᛆᛘᚴ
ᚢᚿᛑᚢᛋᚢᚡᛆᚱᚿᛦᛐᚠᛅᛋᛐᚢᛘᛅᛥᛐᚢᛂᛁᚿᛘᛅᛚᛁᛦᚵᚵᚱᚡᛆᚱᚦᛂᛁ
ᛘᛋᛁᚧᛆᚿᚮᚴᛁᛐᛋᛆᛘᛆᛋᚮᚿᚢᛘᚵᛁᚢᚴᛆᛂᚱᚡᛆᚱᚢᛋᛆᚿᚿᚱᛆᚧᚿᛁᚱᛋ
ᚴᚯᛔᛅᛥᛐᚢᛋᚴᛁᚯᛚᛑᚢᚿᚵᛆᛋᚴᛦᛚᛑᚢᛐᚠᛂᛁᚵᛁᚱᛁᛚᛚᛆᚱᛂᚧᛋᚴᛆ
ᛐᛚᛆᛆᛐᛐᛁᚼᛆᚿᚿᚦᚮᚼᛦᚵᚵᛁᚢᚠᛂᛚᛚᛑᛁᛋᛐᚮᚧᛋᛐᚮᚱᛆᛋᛐᚱᛁᛑᛑᛁᛋᛂᚱ
ᚼᛆᚱᚧᛚᛆᛆᚠᛒᚱᛆᚵᚧᛁᛒᚮᚧᛋᛂᚿᛑᛁᛐᛁᚴᚡᛅᛘᛁᛒᚱᛆᛐᛐᛘᛆᚵᛆᚱᚼᚮᚱ
ᛋᚴᚡᛆᚱᚼᚢᛋᚠᚱᛂᛦᛁᛆᚼᚢᚵᚧᛁᛆᛐᛘᛆᚿᚿᚡᛁᛐᛁᛚᛆᚵᚼᛂᛦᚱᚧᛁᚼᚮᚿᚮ
ᚱᚧᛆᚼᚡᛆᛐᚦᛂᛁᚱᛆᛚᛆᚢᚿᛘᛅᛚᛐᚢᚦᛆᚡᛆᚱᚡᛆᚿᛐᚡᛁᛐᚱᛁᚡᛁᛚᛑᛁᚼᚮᚿ
ᚦᛂᛁᛘᚼᛁᛆᛚᛔᛆᛋᚴᛦᛚᛑᛁᚮᚠᛋᛅᛋᛁᚵᛚᛆᛂᚿᛋᛁᛆᛚᚠᚿᛂᚴᚮᛘᛋᚴᛆᛐᚱ
ᚢᚺᚱᚺᛘᛆᛐᚱᛁᛋᛐᛆᚱᛂᚿᚵᛑᛁᚦᛅᚱᚡᛁᚿᚵᛁᚠᛆᚱᛋᚡᛆᚱᚼᛆᚿᚿᚠᛚᛦ
ᛐᚿᛑᛁᛆᚧᚱᚼᛆᚿᚿᚠᚱᛆᛘᛋᛂᛚᛑᛁᚠᚮᚱᚢᚦᛆᛋᛁᚧᛆᚿᛋᛂᚿᛑᛁᛘᛂᚿᚺᛐᛚ
ᛆᚢᛘᚠᛁᚯᚱᚧᛚᛁᛘᛆᚦᛆᚱᛂᚱᚠᚱᛅᚴᚿᛁᚱᛒᛁᚢᚵᚵᚢᚯᛚᚡᛅᚱᛁᚱᚢᚧ
ᚢᚮᚴᛂᛚᛑᛆᚴᛦᚿᛑᚢᚼᚢᚵᚧᚢᚡᛅᛐᚱᚡᛂᛚᛆᛂᚱᚦᛂᛁᚱᚡᛆᚱᚢᚴᚮᛘᚿ
ᚱᛐᚮᚴᚢᚦᛂᛁᚱᚠᚮᚱᚿᛁᚱᛂᚱᚦᛂᛁᛘᚠᚱᛁᚧᚱᛋᛂᚿᛑᛁᚼᛂᚿᚵᚧᚢᛆᛋᚢᛚᚢ

ᚼᚢᚵᚧᚢᛐᚦᛆᛐᚡᛆᚱᚧᛆᚴᚭᛘᚦᛆᚴᚭᛋᛐᛒᛂᚱᛆᚴᚡᚾᚿᚡᛆᚱᚼᚭᚿᚼᚯᚵ

ᛙᚴᚭᛙᚴᛆᛔᛔᛋᚵᛆᛚᛁᚵᚭᚴᚴᚡᛆᛂᛂᛁᚦᛆᛒᛆᚧᛆᚵᛚᚯᚧᚡᛆᚱᚭᚴᚵᛚ

ᛆᚢᛘᚡᚯᚱᛂᚱᚵᚢᚿᛙᚱᚱᛆᛐᛐᛁᚠᛂᛚᛚᛋᚴᛆᛐᛋᛆᚧᚱᛋᚡᛁᚧᚱᛁᛋᛦᛋ

ᛐᛁᚭᚠᚦᚯᚱᚠᚡᛂᛋᛐᛆᛒᚢᚧᚢᚦᛂᛁᚱᚼᛂᛁᛘᚼᚯᚵᛙᛂᚠᚼᛆᚿᚿᚦᛆᚼᛂᛁᛚᛑᚱ

ᚠᚾᚱᛁᛋᛦᚿᚡᛆᚱᛋᚠᛁᛔᚡᛁᛋᛁᛂᚠᚦᛂᛁᚱᛋᛁᚿᚵᚾᚧᛁᚼᛂᛐᚦᛆᚠᚯᚱᚵᚢ

ᚿᛙᚱᚱᛂᚠᚼᚯᚵᚿᛁᚡᛁᛚᛑᛁᚼᚯᚵᚿᛁᚦᚡᛁᚿᛁᛐᛐᛁᛐᛂᚱᚼᛁᚿᚿᚭᚠᚱᛂᚧᛁᛒᛆ

ᚱᚢᛘᛁᚯᚧᛘᚾᚱᛆᚱᛘᛆᚱᚵᛋᚡᛆᚱᛆᛚᛚᛋᛒᛂᛁᚿᛁᚠᚭᚱᚦᛆᚱᚠᛁᚯᛚᚧᚼ

ᚭᚱᛙᚢᚿᛣᚦᚭᛐᛐᛁᚠᚢᛚᛚᛐᛂᚱᚢᚴᚴᛁᛐᚼᛁᚢᚵᛂᚱᚧᚢᚼᚡᛁᛚᚢᛋᛂᛘᚦᛂᛁ

ᛘᚼᚾᚵᛋᛐᚦᚭᛐᛐᛁᚴᛂᚿᚿᛑᚡᛆᚱᚴᚭᛋᛐᛒᛂᚱᛆᚴᚢᚿᚿᛁᚼᚭᚿᛋᚴᛁᛚᚱᚢᚿ

ᛆᛁᚿᚿᛐᛁᚭᚱᚧᛋᛐᛆᚠᛁᛆᛐᛂᛚᛑᛁᛚᛁᚭᛋᚢᛘᚵᚾᛐᛆᚡᛆᚱᚧᚼᚭᚿᛐᚢᚿᚵᚢᛁ

ᚵᚭᛘᛆᛒᛆᚧᛆᚡᛆᚱᚢᛋᚡᛆᚡᛁᛚᛚᛐᛆᚱᛆᛐᚡᛆᚱᚡᛆᚿᛐᛆᛐᚱᛆᚧᛆᛋᚾᛁᚿ

ᚵᚠᚭᚱᚢᛋᛁᚧᛆᚿᛋᛁᛙᚦᛆᚢᚼᚯᚵᚿᛁᛑᚱᛂᛦᛘᚧᛁᛑᚱᚭᛐᛐᛚᛆᛐᛑᚢᛚᚧᛁ

ᚦᛂᛋᛋᚡᚾᛐᚴᛁᛋᛆᚵᚧᛁᚼᚭᚱᛋᚴᚼᛁᛚᛘᛁᚦᛂᚵᛆᚱᛋᚼᚭᚿᚱᛂᚧᚡᛆᚴᛙ

ᚼᛂᛁᛘᛆᚿᚵᛂᚱᛁᛋᚴᚦᚢᚼᚯᚵᚿᛁᚼᛦᚵᚵᚧᚢᛆᛐᚱᛆᚧᚢᛘᚠᛆᚱᛂᚱᚠᚢᛚ

ᚵᛚᛆᚢᛘᚡᚯᚱᚴᚡᛆᚧᚵᚯᚱᚡᛆᚽᚼᚢᚵᚧᛆᛂᚴᚦᛂᚱᚵᛆᛚᚵᛆᚵᛂᚽᚵᛁᚱᚦ
ᚢᛆᛐᚼᛆᚽᚵᛆᛅᛐᛁᚦᛁᚴᚮᚱᛘᛆᚱᛦᚱᚧᛆᛂᚴᚦᛁᚴᚴᚡᛁᚴᚡᛆᚽᚵᛂᚱᚧᛁᛋᚴ
ᚱᚯᚴᚱᛆᚵᛖᚱᛆᚧᚦᚢᚼᚡᛆᛐᚦᛆᛐᚡᛅᚱᛁᚵᚢᚽᛖᚱᚱᚴᚡᛆᚧᚵᛚᛆᚢᛘ
ᚡᚯᚱᚴᚡᛆᚧᛒᛚᚮᚧᚵᛆᚽᚼᚢᚵᚧᛆᛂᚴᛘᛅᚴᛁᛒᚮᚱᛁᚽᚽᚮᚱᛋᛂᚱᚴᚦᛁᚽᚢ
ᛘᛁᛚᛖᛂᚱᛋᚡᛂᚠᚽᛋᛚᛁᚴᛆᛖᛐᛋᛂᚵᛁᛆᛖᚢᚧᛘᛆᚽᚽᚵᛂᛁᚱᚼᚢᚵᚧᛆᛂ
ᚴᛋᛐᛆᚽᛑᛐᛁᚵᚯᚵᚽᚢᛘᚦᛁᚴᛘᛁᚧᛁᛆᚽᛂᛘᛁᚢᚧᚢᚢᛚᚠᛆᚱᛆᛂᚽᛑᚢᛘᛒᛆ
ᚧᚢᛘᚵᚢᚽᛖᚱᚱᚴᚡᛆᚧᚱᛆᚴᚴᛆᚱᚦᛆᚱᚱᛂᚽᛖᚱᛆᚧᛆᛋᚴᛘᛁᚯᚴᚵᛂ
ᛦᛁᛆᚮᚠᛐᚡᛂᚱᚧᚱᚵᛚᛆᚢᛘᚱᚼᚢᚽᛑᛐᚠᛦᚱᚵᛂᛁᚱᛆᚠᛚᛆᚢᚵᚢᚽᚵᛚᛆ
ᚢᛘᚡᚯᚱᚴᚡᛆᚧᛆᚼᚢᚵᚧᛆᛂᚴᚼᛂᚱᛁᚽᚽᚱᛂᚽᛖᛆᛐᛂᚽᛂᛐᛚᚯᚽᚵᚢᚼᚢᛋᛁ
ᚦᛦᛐᛁᛆᚠᚦᛁᚮᛋᛐᛁᚦᛂᛦᛋᛐᛁᛋᚴᚮᚠᛒᛂᚴᚴᛁᛒᚱᛦᛐᛁᚠᛅᛐᚱᛦᚴᚱᛆ
ᛒᚱᛅᚧᚱᛆᚼᛂᚱᛐᚡᛂᚵᚵᛁᛆᚵᛂᚱᚦᛁᛐᚡᛆᛐᚽᚡᛅᚵᛁᛆᚡᛂᚱᛆᛘᚢᚽᚦᛆᛐᚠ
ᛦᚱᚽᚯᚴᚴᚡᛁᚵᚢᚽᛖᚱᚱᚴᚡᛆᚧᚵᛚᛆᚢᛘᚡᚯᚱᚴᚡᛆᚧᚴᚮᚽᚢᚱᚼᚢ
ᚵᚧᛆᚴᛑᛆᚢᚧᛆᚱᚴᚮᛘᛆᛁᚽᚮᛐᛐᚼᛁᚽᚵᛆᛐᚡᛅᚱᛁᛐᚡᛆᚱᛐᛒᚢᛖᚱᚡᛁᛚ
ᛑᛁᚦᛁᚴᚴᛁᚮᛋᛆᛒᛦᚧᛁᚦᛂᚱᛒᚱᛆᚧᛚᛁᚵᛆᛐᛁᛚᛒᛂᚴᚴᛁᛆᛋᛁᚽᛖᛂᚴᚴᚡᛂ

ᚧᛆᚠᛚᛁᛘᛆᚩᚱᚧᚿᛆᚱᚦᛂᚱᛑᛁᛋᛁᚱᚵᚢᚿᚿᛆᚱᚱᚴᚡᛆᚧᛋᛂᛁᚿᛆᛐᛂᚱᛆᛐᛋ

ᛂᚵᛁᛆᛋᚡᛆᛂᚱᚿᚢᚱᛆᚧᛁᛐᚠᚩᚱᚢᛘᚴᛆᚠᛀᚱᚦᚩᛆᛚᛚᛋᚦᚩᛆᚱᚠᛆᚱᛆᚾ

ᛐᛚᛆᛐᛘᛆᚱᚡᛐᛂᚱᛘᛁᛀᚴᚡᛚᛁᚴᛚᛁᚡᛐᛆᛐᛘᛦᚿᛁᛘᛋᚴᛆᛘᛘᚾᛁᚱᛚᛁᛐ

ᚢᛂᚱᛚᛦᛋᛐᛁᛚᛂᛐᚢᛋᚴᚦᛂᚱᚠᚢᛋᛁᚱᛆᛚᛚᛁᚱᚢᛔᛔᚱᛁᛋᛆᛀᚿᚿᚢᚱᚦᛆ

ᚢᛚᛀᛐᛐᚢᚠᚩᚱᚢᚠᛁᛘᛘᛋᛆᛘᛆᚿᚠᛚᛂᚱᛁᛐᛁᛚᚡᛆᚱᚢᚼᛆᛚᚠᚢᚼᚢᛋ

ᚴᛆᚱᛚᛆᚱᚼᚢᚵᛆᛐᚡᛆᚱᚦᚡᛁᛁᛚᛚᛆᛋᚿᚾᚡᛆᚱᚱᚩᚴᛋᚩᛚᛆᚱᚱᛋᛦᚿᛁ

ᚱᚡᛆᚱᚢᚦᛂᛁᚱᚼᛀᚵᚿᛆᚩᚱᚴᚿᛁᚿᚵᚦᛆᚿᚿᚼᛂᛐᚢᛂᚱᚦᛂᛁᛘᛂᚿᚿᚠᛦᛚᚵᚦ

ᛁᛒᛚᛁᚧᚱᚡᛆᚱᛒᛀᚱᚱᛋᚴᛁᛆᛖᛆᚱᛒᚱᚩᚧᛁᚱᚼᛆᚿᛋᚴᚡᛆᚿᛆᚱᚠᚩᚱᚢ

ᚠᛆᚡᚱᛒᚢᚿᛆᚱᚢᚿᛧᚦᛆᚢᚠᛁᛀᚱᚧᚱᛋᚴᛁᛚᚧᛁᛚᛀᛐᛐᚢᛆᚡᛆᛚᛖᛚᛁᚩ

ᛋᛆᚱᛚᛂᛐᚢᛆᛐᚼᛂᛖᛂᚱᛋᛂᚵᛁᛆᛋᚴᚵᛚᛆᚢᛘᚡᛀᚱᚴᚡᛆᚧᛆᛐᚩᚱᚧᛂᚱ

ᚵᚢᚿᛆᚱᚱᛆᛐᛐᛁᛘᚾᛖᛁᚼᚩᚿᚡᛁᚧᚡᛁᚿᚵᛆᛋᛂᛘᚼᛂᚿᚿᚡᛂᚱᛐᚦᚩᛐᛐᛁ

ᚡᛂᛁᛐᚴᛆᛐᛂᚴᚼᚡᛆᚱᛐᚡᛂᚱᚧᛚᛆᚢᚿᚧᛆᛐᚡᛁᛚᛁᛆᚩᛋᛋᚢᛘᚵᛚᚾᛔᚱᛂ

ᚱᚵᛂᛋᛐᛋᚴᚡᛆᛘᛆᛂᚠᛁᚵᛂᚱᛁᛋᚴᚿᛆᚴᚴᚡᛆᛐᛋᚩᚱᚦᛆᚡᛁᚿᚵᛁᛋᛂᚱ

ᚱᛂᚧᚼᛆᚿᚿᛚᛁᛐᛐᛂᛁᚱᛆᛂᛁᚵᛁᚼᛆᚿᚿᛁᛀᛐᚿᛆᚱᛂᚠᚼᛆᚿᛆᛐᛦᚧᚱᛚᛦᚵᛁᚵᛆ

ᛂᛦᚱᚧᚢᚦᚱᚾᛚᛋᛂᚵᛁᛆᛀᛐᚢᛚᚩᛆᚱᚧᛆᚵᚢᚧᚱᚢᚽᛂᚱᚼᛓᚽᛂᚴᚴᛆᚼᛂᛦ

ᚱᚧᛁᚼᛚᛆᚧᛁᚽᚼᛆᛚᛋᛘᛂᚽᛁᚢᛘᚼᚱᛂᛦᛐᛐᛁᚼᛓᚽᚦᛂᛁᛘᚵᛂᚱᚩᛀᛚᛚᚢᛘ

ᛋᛚᛀᚽᚵᚧᛁᛋᚩᛆᛋᛁᛚᚨᚱᛁᛆᛐᛁᛋᚢᚽᛑᚱᚼᚱᚢᛐᚢᛒᛆᚢᚵᛆᚱᚢᛐᚵᛂᚴ

ᚴᚼᛓᚽᛋᛁᚧᛆᚽᛦᛔᛔᚧᛁᛐᛚᛁᛐᛐᚼᚢᚱᚧᚢᛘᚠᛓᚱᛆᚨᚾᛗᚦᛂᛦᚵᛁᛓᚴᚠ

ᛆᚵᛙᚧᛁᚴᛓᛘᚽᚢᛘᚼᚩᛆᚱᚨᛐᛁᛚᚽᛁᚨᛚᚢᚽᚵᛆᛋᚢᚩᛆᚱᚼᛁᚽᛨᛐᚴᚩᛂ

ᚧᛁᛆᚨᛦᛚᚵᚧᛁᛋᛆᚧᚱᛋᛚᛁᚴᚢᛋᛆᚵᚧᛁᚼᛓᚽᛘᚢᚽᚨᛚᛂᛁᚱᛆᛚᛂᛁᛐᛆᚧᛆᛂ

ᚴᛁᛚᛁᚴᛙᛆᛐᛚᛂᛐᛁᛆᛦᚴᚴᚱᚼᛂᛁᛘᛆᚽᛋᚴᛀᛔᚢᛘᚩᛁᚧᚱᛘᛆᚽᚽᚵᛁᛓᚴ

ᛋᚴᚢᛚᚢᚧᚦᛓᚼᛂᚱᚴᛓᛘᚽᛁᚱᛘᚾᛗᛁᛆᚨᛘᛆᚽᚽᚩᛁᛐᛁᛂᚨᛘᚢᚽᛑᚢᛋᚾ

ᛐᛐᛆᛋᚴᛂᚴᚴᛁᛆᛐᚱᛂᚧᚢᛋᚴᛆᛚᛚᛁᚱᚽᛁᚴᚩᛆᚧᚢᛋᛆᚦᛆᛋᚾᛚᛒᛓᚱᛁᛙ

ᛐᚦᛂᛁᚱᛋᛆᚱᛐᛚᛂᚴᚢᚼᚢᚵᚧᛁᛆᚼᛆᚱᚧᚱᚾᚧᛁᛓᚴᚼᚱᛆᚢᛨᚴᛓᚱᛋᚴᛁᚴ

ᚴᛁᚢᚽᛀᚴᚧᛆᚽᛐᛓᚴᚼᛓᚽᛘᚾᚴᛁᛓᚴᚽᛁᚧᛁᛆᚨᛁᛀᚱᚩᛆᚱᚧᛁᚼᚾᚵᚩᛆᚱᛆ

ᛐᚼᛁᛆᛚᛑᚱᛁᚼᚩᛆᚱᛋᚼᛓᚽᚼᛂᚽᛐᚱᚨᛂᛋᛐᛁᛓᛐᛐᛁᚱᛚᛂᛐᚵᛁᚢᚴᛆᛐᛂᚱᛂᚽ

ᚵᛁᛐᚩᛆᚼᚽᛁᚵᛆᛒᚱᛓᚧᚢᚱᚼᛁᛓᚼᛓᛙᛐᛚᛆᛒᛂᚱᛆᚩᛆᚱᚧᚦᛆᚽᚽᛋᛁᚧᛆᚽ

ᛋᚴᛆᛔᚧᛁᚼᛓᚽᛋᚩᛆᛋᚴᚾᚱᚢᛋᚴᛂᛚᛗᛂᚨᛓᛐᚢᚽᛂᛆᛙᚽᛙᚽᚱᛂᚧᚼᛓ

ᛋᚴᚱᛂᛦᛆᛐᚼᛂᚠᛁᛂᚴᚠᛦᚱᚱᛒᚱᚿᛐᛐᚿᚱᚿᚼᚯᚠᚢᚧᚼᛆᛂᚴᚴᛁᛆᚵᛘᛂᚧ
ᚿᛆᚼᛂᛁᛚᛁᚱᚡᚿᚱᚢᛘᛆᚢᛂᚱᚢᛘᛋᚡᚿᛋᚿᚱᛁᚱᚿᛐᚦᚿᛘᚿᛐᛐᛋᛁᚿᛚᚠᚱ
ᚡᚿᛗᛂᚿᛒᛂᛁᛐᛁᚦᚿᛐᛘᚾᛗᛁᛒᚱᛦᛐᛁᚡᚿᚱᚼᚿᛆᛗᛐᛚᚿᛐᚯᚴᚢᛘᚡᛂᚱᚼ
ᛁᛚᛚᚿᛂᛆᚼᚯᚵᛗᚠᛅᚱᚧᚢᛘᚼᚯᚵᚢᛘᚡᛂᚱᚼᚿᛚᚠᛐᛦᚱᚴᛁᚢᛘᚼᚿᛆᛆ
ᛂᚱᛋᚴᚿᛔᛂᚿᚢᚧᛁᛚᛁᚠᛁᚱᚿᛋᚡᚿᛚᛂᛆᚵᛁᛚᚯᛋᚴᚱᛘᚢᛆᚼᚿᛆᛆᚾᚼᛂᛁᛐ
ᛆᛆᚼᚱᚾᛑᛑᚱᚡᚿᚱᚼᚡᛂᚱᚵᚾᛐᛁᚱᚼᛂᛗᚿᛁᛆᛚᛂᛆᚵᚱᚱᚢᛘᛁᚴᚢᛆᛆᛁᚴᛚ
ᚯᚴᚴᚱᚡᛂᚱᚧᚿᚴᛚᛁᛂᚠᛁᚱᚿᚼᚡᛂᚱᛁᚿᚡᛂᛋᚿᛚᛚᛚᛂᛧᚠᚡᛁᚵᛋᚦᛂᚱᚿ
ᛂᚱᛋᚴᛦᛗᛂᛁᚡᚿᛋᛋᚵᛁᚿᛗᛂᚿᛅᚴᛋᛁᛆᛆᛂᚿᚵᛐᛂᛔᚱᚿᛗᛐᛐᛂᛂᛦᛁᚿᚠᚱᚿ
ᛋᚡᛁᛆᚢᛘᚿᛚᛚᚱᛁᚯᚱᚴᛅᛋᛐᚢᛂᚱᚼᚿᛆᛗᚧᚱᚼᚿᚠᚧᛁᛐᛅᚴᚢᚦᛂᛁᚱᛒᚱ
ᚿᛋᛒᚢᚧᛚᚿᛅᚴᛒᚱᚢᚵᚧᚢᛐᛁᛚᚴᛆᚠᛁᚾᛔᚦᛁᛁᛚᛚᚦᚱᚾᛚᛁᚿᚧᚱᛅᛐᛑᛋ
ᚴᛂᛆᛆᛑᛁᛐᛅᛘᛚᛂᛧᚴᚿᛐᛂᛁᚵᚿᛐᛂᚧᛁᚿᚡᛂᛚᚵᚿᚱᚧᚿᚡᛁᛆᛗᛁᛐᚡᛂᚱᚵᚿᛋ
ᛐᛂᚠᚼᚿᛆᛆᚡᛁᚧᚱᛂᛐᛐᛁᚠᛂᚵᛁᛆᛚᛂᛧᚴᚦᛅᚼᛁᛚᛚᛁᛐᚼᚿᛆᛆᚠᛁᚯᚱᚦᚾ
ᚵᛁᚵᚾᛐᛐᛁᛋᚴᚦᛂᛋᛋᚼᚯᚵᛆᛁᚵᛂᚱᚡᚿᛋᚡᚿᚠᚾᚱᛁᚿᛐᚿᚱᛗᚿᛗᚢᚧᚵ
ᚢᛘᚿᛐᚢᛆᛑᚿᛆᚵᛂᛆᚵᛁᚠᛦᚱᛁᚱᚴᚡᛂᚧᛂᚴᛘᛂᚱᛘᛁᛆᛗᛐᚠᚱᛂᛘᛁᚿᛚ

ᛂᛁᚴᚦᛂᚿᚿᛆᚼᚡᛁᛘᛦᚿᛁᛘᚼᛂᚱᚡᛁᛚᛁᛆᚼᛂᛦᚱᛆᛆᚦᛆᛋᚴᚱᛅᚴᛐᚢᚿᚦᚱᛁ

ᚠᚢᚦᛂᛁᚱᚦᛁᚮᚧᚵᚮᚧᛆᚿᚦᛆᚡᛆᚱᚴᚮᛋᛐᚱᛂᚿᚵᛁᚱᛂᚴᚴᚢᛘᚱᛆᚴᚴᛚᛆ

ᛐᚢᛘᚱᛆᚧᛂᚿᚿᛚᛂᚿᚵᚱᛑᚡᛂᛚᛁᛆᚼᛚᚮᚦᛆᚼᚯᚵᚿᛁᚼᛂᛦᚱᚧᚢᛂᛆᚵᛘᛂᚵᛁ

ᚱᚴᛂᛔᛔᛆᚼᛆᚿᚿᛋᚡᛆᚴᚢᚿᚿᛁᚴᚡᚯᛚᚼᛆᚿᚿᚡᛂᛚᚦᚮᛚᚧᛁᚼᛆᚱᛔᚢᛐᚮᚴ

ᚵᚢᚿᚿᛆᚱᚱᚼᚱᛅᚱᚧᛁᛁᛚᚴᚡᛁᛋᛐᚢᛘᛋᛚᛆᛆᚼᛆᚿᚿᛋᚡᛆᚴᚢᚿᚿᛁᛆᛋᚿ

ᚮᛐᛁᚱᚵᚱᛂᛐᚢᚴᛚᚢᚴᚴᚢᚦᛂᛁᚱᚴᛆᚱᛚᛆᚱᛂᚱᚴᚢᚿᚿᚢᚵᚯᚱᛋᛐᚼᛂᛦᚱ

ᛆᚱᛁᚴᚱᛁᚱᛆᚧᛋᛆᚵᚧᛁᚱᛆᚠᛐᛆᚱᛋᚢᚿᛑᚱᛒᚱᚢᛋᛐᚢᛑᚮᚦᛆᛑᛦᚱᛁᚱᛑ

ᛆᚵᛋᚡᛆᚱᚼᛂᛚᛑᚱᛋᚿᛂᛘᛘᛆᛚᛂᛐᚢᚦᛂᛁᚱᛆᛚᛂᛋᛐᛁᛚᛁᚠᛆᛁᚦᚱᚮᛐᛐᛁᚱ

ᛋᛐᚮᚱᚱᚦᚮᛐᛐᛁᛋᚴᛆᛐᛚᛁᛋᛐᛂᚼᛆᚿᚿᚮᚠᚦᛆᛒᛆᚧᛆᚼᚮᚱᛋᚴᚱᛁᚼᛆᚱᛘ

ᛋᛆᚵᚧᛁᚮᚴᚱᛂᚧᚼᛂᛚᛑᚱᛆᛐᛒᚱᛂᚵᚧᛆᛘᚮᚱᚵᛁᚿᚿᛂᚱᚿᚢᚵᚢᚧᚱᚢᚿᛘᛁ

ᛋᛋᛐᚼᛂᚠᛁᚱᚦᚢᚦᛂᚱᚼᚮᛚᛚᚱᛆᛋᚢᛘᛋᛂᚱᛐᚢᛋᛁᛆᛚᚠᛋᚴᛆᛔᛆᛐᚼᛆ

ᚠᛁᛋᚡᛆᚵᛂᚿᚵᛁᛐᚵᚢᚧᚱᚢᚿᚴᚡᛆᚧᚠᛂᚵᛁᚿᚿᛂᚱᛐᚢᛆᛐᛚᛁᚠᛂᚱᚱᚦᚢ

ᚡᛁᚵᛚᛦᛋᛆᛆᛘᚢᚿᚢᚦᛂᚱᛁᚧᚱᛆᚱᛂᚠᚦᚢᛆᛚᛚᛐᚱᛂᛦᚿᛁᚱᛋᚢᛘᚢᚿᛂᚱ

ᚠᚧᛂᚠᛐᛁᚱᛂᚴᚴᛆᚿᚿᚦᛂᚱᛋᛂᚵᛁᛆᛁᛚᛚᛋᚵᛂᚿᚵᛋᚴᚦᛂᚱᛆᛚᛑᚱᛁᚿᛂᛘᛆᛂ

ᚼᛐᚽᚽᛋᛐᚦᛐᚼᚠᛂᚱᚠᛁᚠᚢᚦᚱᚢᚾᚠᚠᛂᚧᛦᚠᛁᚱᚱᛐᚧᚢᛘᚠᚠᛐᚾᚠᛐᛐ

ᛐᛚᛐᛐᛁᛚᛋᛐᛂᚠᛁᛐᛐᛦᛚᛁᛐᛘᚢᚾᚠᚦᛁᚠᛐᛂᛁᚠᛁᛐᚽᛐᛐᛁᚱᚠᚱᛁᛘᚼᛁᛚᛐᛐᚱᚠᛚ

ᛐᚧᛐᛘᚢᚾᚦᛁᚠᛘᛁᚾᚾᛋᛐᛐᛐᛚᛁᛂᚠᚦᚢᚠᚽᚱᚠᛐᚱᛂᛦᚾᚱᚠᛐᚠᚦᛁᚱᚠ

ᛐᛘᛁᚠᛚᛐᛂᚱᚦᚢᚠᛐᛐᛐᛒᚱᚾᚧᚱᛘᛁᛘᛋᚠᛐᚠᛂᚠᛘᛁᚽᚠᛋᛁᛐᛚᛐᚾᛘᛋᛁ

ᚧᛐᚾᛋᚦᛂᚱᚠᛂᛚᛚᚢᚼᛂᛐᛐᚠᚦᛁᚱᚼᚽᚱᚧᚢᚼᛂᚠᛁᛂᚠᚦᛁᚠᚾᚢᛘᛁᚾᚾᛐᛐᚾ

ᛘᚽᚱᚠᛁᚾᛘᛂᚱᛋᛐᚠᚧᛁᚱᛘᛐᚾᛁᚠᛂᚾᚾᚦᛐᚾᚾᚠᚽᚱᚠᛐᚾᚢᛂᚱᚽᚠᛐᚠᛐ

ᚾᛘᛐᛐᚦᚢᛋᛚᛁᚠᛐᛐᚠᚱᛂᛐᛐᛐᛘᛐᚠᛐᚼᛂᚠᛁᚱᚦᚢᚦᛁᚾᛘᛁᛋᛋᛐᛋᛂ

ᛘᚦᚢᛋᛁᛧᛐᛋᚠᛦᛚᛐᛁᚱᚼᛐᚢᛋᛐᚠᛂᛁᛧᛐᚦᚢᚦᛂᛁᚱᛐᚼᛐᚠᚧᛐᛐᚽᛚᛋ

ᚠᛐᛚᚢᛘᛐᚱᛦᚠᚧᛂᛐᚠᚦᛂᚱᛋᚠᛐᛐᚱᛂᛦᚠᚠᛁᚢᛐᚱᛂᛦᚱᛐᛒᛚᛂᛐᛐᛂᚠᚦᛂ

ᛁᚱᛐᛐᚽᚠᛂᚠᚦᛂᛁᚱᛐᚼᛁᚽᚱᛐᚢᚽᚠᛐᛐᛂᛁᚾᛋᛐᛂᛁᚠᚧᛐᚠᛋᛂᛚᛐᛂᛐᚠᚦᛐᚱ

ᛋᚧᛐᚾᛋᛐᚠᚧᛐᚠᛐᛐᚠᛐᛚᚠᛋᚠᛐᚱᛂᛂᚾᚦᚢᚠᛁᚽᛚᛚᛁᚱᛂᚠᚠᚱᛁᛐ

ᛐᚢᛚᛂᛁᚠᛐᛐᚽᚠᚠᛐᚢᛐᛁᚧᛚᛁᚠᛐᛐᚱᚢᚧᛁᚱᚠᛂᛚᛁᚽᛋᛚᚢᛘᛒᛁᚱᛘᚠᛂ

ᛧᛐᚢᚦᛁᚾᛘᛒᛁᚧᚱᛋᛂᚱᚠᛐᚱᚠᛂᚱᚱᛐᚼᛚᚢᛐᚠᛂᛚᛐᛂᛂᚠᛘᛁᚾᚢᛘᚼᛐᛚᚢ

ᛘᚠᚦᚽᛂᚠᚠᛁᛐᛐᛚᛁᚠᚠᛐᚧᚠᚱᛁᛘᛘᚠᛐᚱᛐᚢᚠᚢᚧᚱᚢᚾᛂᚱᚦᚢᚠᛂᚱᛐ

ᚨᚱᚢᛉᚦᛐᚱᚹᛐᚱᚹᛁᚻᛚᚧᚹᛂᛐᚱᚹᛂᚴᚹᚢᛐᛁᛚᛉᛐᚱᚹᛁᚱᛉᚢᚴᛂᛐᚹᛐᛚ

ᛐᛂᚹᛉᚾᚱᚱᛁᛉᛂᛁᚧᛉᛐᚹᛁᚻᛚᚧᛁᚹᚹᛁᛐᚦᚱᚾᛚᛐᚦᚱᛁᛐᛐᛁᚹᚢᚦᛦᛁᛐᚱ

ᛋᛐᛐᚢᚹᚨᚧᛐᚱᛋᚾᛉᚧᚹᛐᚱᛐᛐᛋᛚᛁᚹᚢᛋᛁᛚᚹᚱᚹᛐᚱᚦᚨᛉᛂᚱᛐᛐᛚ

ᛁᚹᚹᛐᚧᛚᛂᛏᛐᚢᚦᛂᚱᛐᛚᛖᚦᛦᚹᚹᛁᛐᛋᛂᛉᛂᚹᚹᛁᚹᚾᚱᛁᛉᛂᚧᛐᛁᛚᚻᛁᛐ

ᚦᛐᚢᛚᛐᚹᚢᛂᚱᛉᛂᚱᛚᛁᚹᚧᛁᛒᚢᚧᛚᛁᚹᚱᚨᚹᛐᚢᛋᚹᛐᚢᚴᛐᛁᚱᚹᛂᚱᚧ

ᛐᚼᛚᚢᛐᚦᛁᚹᚹᛁᛋᚹᚾᚱᚢᛚᛂᛏᛐᚢᚦᛁᛖᛋᛁᛐᛁᛐᚨᚹᛐᚹᚱᛐᛐᛖᚹᛐᚴᚴᛂ

ᚹᛁᚼᚢᚹᚼᛂᛁᛁᛚᚢᛉᚼᛁᚨᛖᚹᚾᚱᛋᛁᚧᛐᚹᚢᚧᚱᚢᚴᚹᚹᛐᚧᛚᛦᚹᚱᚦ

ᚢᚴᚢᛐᛐᛚᛁᚦᚨᛐᛐᛂᚹᚦᛐᛐᛚᛁᛐᛐᚱᛂᚹᛁᛐᚼᛂᛖᚱᚹᛐᚱᛂᚹᚼᛐᚹᛋᛁᛐᛖᛐᚴ

ᚼᚨᚹᛐᚢᚦᚨᛋᛐᚨᚱᚢᛉᛒᚻᚱᚦᚢᛏᚹᛂᚱᛒᚱᚾᚧᚱᚢᚴᚹᛁᚱᛒᛐᚱᚢᛏᚹᚱ

ᚨᚹᛉᛁᛚᛚᛁᚼᛐᛚᚹᚹᚹᚹᚹᛂᚹᚹᛐᛁᛚᚼᛂᛚᛐᚱᚨᚱᚼᚢᛋᛁᚦᛁᚴᚢᚼᚱᚨᛚᛖᛂᛁᚼᚨ

ᛐᚹᛂᛐᛖᚦᛐᛐᛂᚱᛐᛁᛚᚼᛐᚹᛋᛋᚹᛦᛖᛐᚦᚱᛁᚢᚹᛐᚱᚢᛉᛋᛦᛋᛐᚹᛁᚴᚦ

ᚨᛐᛐᚢᛉᚨᚹᚾᚹᛁᚴᚹᚨᚱᚢᛉᚹᚹᛚᛐᚴᛐᛂᛁᚹᛦᛚᚹᚧᚢᛉᛋᛁᚹᚢᚱᚧᛁᛋᚹ

ᚾᚹᛐᚹᛂᚱᛚᛂᛐᚢᛉᛋᚹᛁᛒᛁᚼᚹᛂᚱᛐᚹᛐᚱᛐᛋᛐᛦᚱᚦᛁᚻᚱᚹᚢᚧᛉᛐᛐ

ᛐᚦᚴᚢᚢᚴᛏᚹᛂᚱᛐᚢᛋᛐᚱᚹᚨᛉᚢᛉᚹᚨᚴᚢᚴᚹᛐᚱᛐᛔᚢᛉᚹᛦᚱᛐ

ᚴᚢᚦᚱᚢᛐᚠᛂᚴᚴᚦᛁᛐᛁᚴᛋᛐᚠᛁᚱᛂᚱᚼᚻᛐᚼᛁᚠᚦᛁᛐᚱᛂᛒᛁᛐᛁᚴᛁᚠᛂᚴ

ᚴᚼᚻᛐᚢᛐᛁᛋᛐᛁᛐᛐᚻᚴᚠᛁᛘᛁᚠᛁᚱᛁᛋᛂᚱᚼᚻᛉᛁᛐᛐᛂᛁᚠᛁᛋᚻᚴᚴᚠ

ᛁᚱᛁᚴᚼᛁᛐᛦᚠᛁᚱᚠᛁᚻᚱᚦᛁᛐᛐᚴᛁᛐᛐᛁᚻᛐᚴᚱᛋᚴᚻᛐᚢᛐᚠᛋᚼᛁᛐᛐ

ᚠᛂᚴᚴᚼᛂᛐᛐᚱᚦᛂᚱᛁᛋᛦᛐᚱᚠᛁᚱᚢᚦᛂᚱᛋᚻᚱᚴᛁᚻᚴᛂᚱᛒᚱᚻᚴᚼ

ᛁᛉᚦᛁᚱᚦᛁᚱᚠᛐᛐᛐᛁᛋᛁᚢᛒᛒᛋᚠᛁᛐᚼᛁᛘᛂᚱᛋᛁᚠᚢᚱᚦᛂᚱᛐᛐᛁᛐᛁᚱᚼ

ᚻᛐᚠᛁᚱᚠᛁᚠᛁᛁᚻᚱᛉᚢᛐᚱᛂᚴᚴᛁᛐᚢᛉᚱᛁᚴᛁᛐᛉᛂᚦᚼᚻᛐᚻᛉᚠᛁᚱᛒ

ᚴᚴᛁᚼᛁᛐᛐᚱᛂᚦᛁᛐᛁᚱᛂᛐᛐᚠᛂᚱᚴᚻᛐᚢᛐᚠᛋᛋᚻᛐᛋᚴᛦᛘᛁᛐᚴᛁ

ᚼᛁᛐᚦᛁᛐᛋᛁᚠᚦᛁᛒᛁᚴᚴᛁᚴᚻᛐᚢᛐᚠᛁᚴᚻᛐᚢᛐᚠᚱᛁᛂᛐᚼᛂᛐᚠᛁᚱᛁᛐ

ᚠᛂᛂᛐᛐᚱᚻᚦᛁᛋᚠᛁᛐᚼᛁᛘᛂᚢᛐᛐᛁᚱᚼᚱᚻᛋᛋᛁᚠᚻᛐᚢᛉᛂᛐᚱᚦᛁᛐᛋ

ᛒᚢᚱᚦᛁᚠᚢᚦᚱᚢᛐᚦᛁᚴᚠᛁᛐᛐᛂᚼᚻᛐᛋᚻᛐᚢᛋᛁᛘᚦᛁᚠᚱᛂᛁᚴᛋᛂᛐᚢ

ᛋᛚᛁᚦᚱᚠᛂᛐᚠᛚᛁᚠᛋᛐᛁᚱᛁᚢᚦᛉᛁᛘᛁᛚᛁᚦᛁᚠᛁᚱᛂᚠᛋᛐᚻᚱᚢᛉᛂ

ᚱᚼᛁᚱᚦᚼᚢᚠᚢᚦᚼᚠᛁᛐᛐᛁᛐᚠᛁᚠᛁᚠᚱᛁᛉᛉᚢᛉᚻᚱᚦᚢᛉᚠᚢᚦᚱᚢ

ᛐᛋᚻᛐᚢᚼᚠᛁᛋᛐᛐᛁᚦᛂᚱᚼᚠᛁᛋᚻᚠᛁᚦᛚᛁᚠᛁᚼᚠᛁᛐᚱᛂᚠᚱᛁᛐᛦᚴᚴᚱᛐ

ᛂᛁᛐᛁᛐᛉᛐᛚᛁᛐᛂᚱᛁᚻᚱᛉᚢᛐᚱᛂᚴᚴᚱᛦᚦᚱᛁᛋᛦᛋᛐᚢᚱᚢᛐᚠᛁᛐᛐᛂᛘ

ᚱᛁᛁᚭᛘᚭᚠᛐᚱᛆᛑᛑᛁᚼᚡᛁᛐᚢᛘᚭᚴᛋᚡᚯᚱᛐᚢᛘᛆᚼᛂᚱᚡᛂᚵᛁᚵᚱᛆᛘ

ᚵᛆᚿᚵᛐᚯᛘᚢᛘᚵᚭᛐᛗᚼᚱᚭᛋᛋᚢᛘᚢᚱᚧᚢᛆᛁᛐᚵᛚᛁᚴᛁᚱᚦᛂᛁᛘᚵᚢ

ᚿᛗᚱᛁᚿᛂᛁᚿᚼᛂᛚᛑᚱᚼᚢᚵᚧᛁᚱᛋᛂᛘᚡᛆᚱᚼᚯᚵᚿᛁᚼᛂᚿᛗᚱᛘᚢᚿᛑᚢᚧᛁ

ᛐᚼᛂᚠᛗᛚᛂᛁᛐᛆᛂᚠᛘᚭᚧᚾᛐᛐᛁᚧᛘᛁᚿᛗᛒᚱᚾᚧᚱᛆᛂᚧᛆᚼᛆᚱᚧᛆᚿᚼᚢᚵ

ᚼᚢᚿᚴᚭᚿᚢᚿᚵᛆᚦᛆᚴᚡᛆᚧᚦᛆᛐᚼᛆᛘᚧᛁᚱᛁᚿᚿᚼᚢᚵᚢᛘᛋᛐᚭᚱᛁᛚᛁᛐᛐ

ᛘᛦᚿᛑᛁᚱᚦᚢᛚᛂᛦᚠᛆᛑᛆᚧᚼᚯᚵᛗᚦᛆᛂᚱᛋᛁᚵᚢᚱᚧᚡᚯᚴᚧᚢᛋᚡᛂᚠ

ᚿᛁᚭᚱᛒᚾᚴᚱᚡᛆᚱᚢᚦᛁᛗᚱᛂᛗᚱᛒᛚᛆᚼᚡᛁᛐᚢᚱᚭᚧᛗᚱᛁᚡᛂᚱᛋᛑᚱ

ᛂᛦᚱᛆᚠᚭᛚᚵᛗᚱᛁᚡᛆᛚᛒᛚᚭᚧᛁᚢᚱᚧᚢᚦᛂᚱᛒᛂᚵᚵᛁᛆᛒᚱᚾᚧᚱᛆᚼᛂᚠ

ᚿᛑᛁᚱᛋᛚᛁᚧᚱᛆᚱᚭᚴᛋᛆᚱᛆᚱᛂᚱᚦᚢᛋᚭᚿᚢᛘᛦᚱᚧᛁᚱᚴᚿᚾᛐᛐᛁᛘᛆᛚ

ᛚᛁᚱᛁᚯᚱᛘᚢᚿᚱᛂᚴᚴᛁᛋᛆᛘᚼᛦᚵᚵᛁᛂᚿᛑᚱᛋᛦᛋᛐᚢᚱᚼᛂᚠᛗᛒᛂᚱᛁ

ᚧᚼᚿᚭᛋᛋᛁᚱᚠᚱᛆᛘᚼᚢᚿᚴᚭᚿᚢᚿᚵᛆᚼᛂᚠᛁᚱᚦᚢᚭᚴᚴᚱᚼᚡᛆᛐᛐᛆᛆᛐ

ᚼᛁᚯᚱᚦᛁᚿᚵᛁᚼᛚᚾᛁᛆᚿᛑᛁᚵᚢᚧᚱᚢᚿᚼᚡᛆᚱᚠᛐᛁᛚᛋᚴᛂᛘᛘᚢᚴᚢᛘᛒ

ᛚᚴᚭᚿᚢᚿᚵᛆᚭᚱᚴᛂᚱᚢᛘᚡᛆᛚᚧᛁᛋᛁᚧᛆᚱᛒᚱᛦᚿᛁᚢᚱᚭᚴᛋᚭᚿᚢᛘᚠ

ᚾᚱᚧᛁᚼᛚᚭᚧᚢᛋᚴᛘᚭᚧᚵᛁᚱᛆᛘᛆᚱᛆᛒᚭᚵᚢᚦᛆᚴᚡᛆᚧᚦᛆᛐᚼᛆᛘᚧᛁ

ᚱᛆᚦᚱᛁᚧᛁᛆᛋᛁᚿᚿᛁᚦᛁᚮᚧᚴᚮᚿᚢᚿᛍᛁᚮᛚᛂᚴᛘᛂᚱᛁᚮᚧᛂᚱᚠᛁᚡᚯᚱᚧᚢᛂ

ᚱᚠᛁᚡᚯᚱᚧᚢᛁᚮᛙᚴᚱᛋᛋᚮᚿᚢᛘᛂᚿᚢᛘᛋᚡᛆᚿᚼᛁᛚᛂᛁᛋᛆᛐᚢᚦᛦᛁᛆ

ᚱᛂᚱᛂᚴᛘᛁᚿᛙᛒᛆᚱᛙᛒᛆᛧᛐᚠᚢᛚᛚᚼᚢᚡᚧᛆᚴᛋᚡᛆᚡᛆᚱᛋᚡᛆᚿᚼᛁ

ᛚᛂᚱᛁᛋᛆᛚᛘᛁᚿᚢᛘᛋᛂᛘᚡᚽᚱᛁᛋᚽᛘᛚᛂᛁᛐᚱᛋᚮᛚᛆᚱᚡᛂᛁᛋᛚᛁᚡᚽᛐᛑ

ᛆᛂᚴᚡᚢᛚᛚᛁᚮᚴᚡᚢᚧᚡᛂᚠᛁᚢᛘᛆᚧᚱᛂᚴᚡᚽᚠᛆᚴᚡᚮᚧᚦᛁᚮᚧᛆᚱᛐᛁᛚ

ᚦᛆᛐᛂᚱᛘᛂᚱᚼᛆᚱᚧᛆᛋᛐᚼᛆᚱᛘᛆᛘᛁᚿᛙᚮᚠᚦᛆᚿᚿᛁᚿᚼᚡᛁᛐᛆᚼᛆᛑᛑᛋ

ᚡᛆᚿᚼᛁᛚᛂᛆᚱᛆᚢᚱᛁᛐᚱᚯᛑᛑᚢᚢᚿᛑᛁᚮᛆᚠᚮᛐᚢᛘᛂᚿᛋᛆᛋᛆᚱᛆᛋᛐᚱᛂ

ᚱᚦᛂᛁᚱᛋᛁᚡᚢᚱᚧᛘᛁᚿᚿᛋᛁᚡᚱᛁᚱᚽᛐᛆᚿᛁᛋᚽᛁᚿᚡᚡᛆᚡᚢᛂᚿᛋᛆᚡᚱᛁ

ᛘᛘᛆᛋᛐᚱᛂᚱᚦᛂᛁᚱᚡᚢᚿᛙᚱᛁᚠᚱᛆᚿᛁᚱᚮᚱᛘᛆᚱᛐᛁᛚᚠᛁᚯᚱᛋᛋᚴᚱ

ᛁᚧᚢᛂᚿᛋᛆᚼᚡᛆᛋᛋᛆᛋᛐᚱᛂᚱᛐᛁᛚᚼᛁᛆᚱᛐᛆᚴᚮᚿᚢᚿᚡᚮᛒᛚᛆᚢᚧᛆᚿᚴ

ᚡᛁᚴᚡᛆᚿᛋᚴᛆᚱᚢᚠᛁᚯᛚᚧᛘᛆᚿᛂᚴᛒᚯᛚᚡᛆᛒᛂᛁᛐᛐᚢᛋᛁᚡᚢᚧᚱᛁᚿ

ᛒᛚᛆᚴᚴᛆᛘᛆᚱᚼᛂᛋᛐᛁᚿᚿᚼᚱᛆᚧᚠᚽᚱᛆᛚᛐᛐᚢᚼᛁᚿᛁᚡᚱᛂᚿᛙᛋᛁᛐᚱᛂ

ᛁᚡᛁᚼᛂᚱᛋᚿᚯᚱᚿᛂᛑᚮᛐᛐᛁᚱᛋᚢᛂᚱᚡᚢᚧᚱᚢᚿᚢᚡᚽᚠᛁᚼᚿᚮᛋᛋᛁᚱᛘᛁ

ᚿᚿᛋᚴᛐᚢᛋᛁᚡᚢᚱᚧᚱᚼᚡᛆᛐᚡᛁᛐᛘᚽᛚᛁᚢᛘᚦᛆᛂᚱᚡᛁᛐᛆᛒᛂᚧᛒᚽᚧᛁ

ᛋᛆᛐᚢᛘᛆᛐᚦᚢᛘᛦᚿᛑᛁᚱᛘᛁᚿᛘᚮᚧᚢᚵᚱᚡᛁᛐᛁᛆᚼᛆᛚᚱᚮᚱᚼᛂᛚᛁᚢᛂᚿ
ᛂᚴᚦᛁᚿᚮᚱᚼᛂᛁᛘᛁᚼᛚᛆᚧᛁᚧᛂᚱᛁᛆᚱᛚᛆᚱᛂᛁᚴᛁᚴᚯᛋᛐᛁᚿᚿᛚᛆᛐᛁᚧᚦᛆᚿᚿ
ᚢᚿᛑᚼᛁᛚᛘᛁᚼᛅᛋᛐᛆᚿᚡᛂᚱᚧᛆᛘᛂᚵᛁᛒᚱᛂᚿᚿᛆᛒᚱᛁᚮᛋᛐᛒᚯᛚᚡᛆᚠᚢ
ᛚᛚᛐᛂᛚᛑᚱᚦᚱᚢᚿᚡᛁᛐᚢᛘᚼᛁᛆᚱᛐᛆᚦᛁᚧᚿᛁᛋᛆᚱᚡᛁᚱᛁᚯᚱᛚᚢᛘᚯᛚᛚᚢ
ᛘᚮᚧᛆᛚᛒᛆᛐᚿᛁᛋᚿᚮᛐᚢᛘᚯᛚᛚᚢᛘᛋᚮᚱᚵᛆᛐᛘᛁᚿᚿᛁᛆᛐᚦᛂᛐᛐᛆᛐᚱᛂᚵ
ᚱᚮᚠᚮᚠᛐᛆᛚᛁᛐᚡᛅᚱᛁ

ᛙᚭᚠᚦᛆᚢᛐᛋᛂᚵᛁᛆᚠᚭᚱᚢᚾᚱᛁᚱᛁᚯᚱᛘᚢᛙᚱᛂᚴᚴᛁᛆᛐᛋᛂᛙᛁᚱᚡᛆᚱ

ᚢᛋᛂᚵᚵᛁᚱᚢᛙᛑᚼᛁᛆᛚᛘᚢᛘᚱᚾᚧᛁᚧᛂᚱᚢᛘᚱᛆᚧᚱᛁᚴᛁᚱᛂᚱᚢᚴᚭᛘᛙ

ᛁᚱᚠᛦᚱᛘᛆᛐᛐᚴᚢᛘᚼᛆᚠᛁᚧᛂᚱᛘᚯᛙᛙᚢᛘᛘᛂᛦᚭᚠᛐᚱᛆᛑᛑᛆᚼᛚᚭᚦ

ᛆᛁᚯᚱᛘᚢᛙᚱᛂᚴᚴᚱᚼᛂᛙᛑᛁᛑᚱᛆᛔᛆᚴᛆᛘᛔᛆᛒᛂᛁᛑᛑᛁᛋᚴᛆᛐᛒᚱᚯᛙᚵᚢ

ᛒᚯᚧᚡᛆᚧᛁᛋᚴᛆᛐᚡᛁᛙᛁᛋᚴᚭᚴᚼᛆᛙᛙᛋᚴᚯᚱᛁᛆᚱᛔᛆᛋᛆᛆᛋᚴᛁᚯᛖᚼ

ᚡᛁᛐᛆᛙᛚᛂᛐᚼᛆᛙᛙᛋᛂᚱᛁᚼᛂᛙᛑᛁᚼᚡᛆᚱᚠᛆᚴᛂᚱᚵᚢᛚᛚᛁᛐᛋᚾᛚᛚᛂᚴᚦᛆ

ᚦᚭᛐᛐᚢᛘᚴᛂᚠᛂᚴᛋᛁᛆᚴᛙᚾᛐᛐᛆᚼᛆᛘᚧᛁᚭᚴᛋᚯᚱᛚᛆᛁᚼᚯᛚᛚᚢᛘᛁᛙᛙᛁ

ᛒᚢᚱᛁᛘᛦᛙᛑᛆᛂᚴᚦᛆᛒᛁᛙᛑᛆᛘᛂᚧᛒᚭᚵᛆᛋᛐᚱᛂᛙᚵᛁᚢᛘᚵᚭᚧᛒᚯᚱᛙ

ᚵᛁᚢᚴᛆᚠᛂᛋᛐᛆᛆᚵᛆᛚᚵᛆᚼᛁᛐᛐᚴᚡᛆᚧᚦᛆᚼᚱᛆᚧᚱᚵᛚᚯᚧᛋᛐᚭᚧᚭᚠ

ᚼᛚᛂᚧᚢᛘᛘᚾᚠᛁᛙᚵᚱᛘᚾᛖᛁᚡᛁᚧᛘᚯᚵᚦᛂᛙᛁᛆᚦᚡᛁᛆᛐᚦᛆᛐᚼᛂᛁᛐᛆᛆ

ᛐᚼᛚᛦᚧᛁᚵᛁᛘᛦᛙᛁᛘᛂᚵᚢᛐᚡᛂᛁᚱᛘᛂᛙᛙᛂᛁᛙᚱᛐᛁᚢᚼᚢᛙᛑᚱᚢᚧᚵᚭᛐ

ᛙᛆᛒᛁᛙᛑᛆᚧᛆᛒᛂᚱᛁᛆᛁᛒᚭᚱᚵᛁᛙᛙᛁᚼᛆᚢᛋᛐᛦᚱᚱᚡᛆᚱᚧᛁᚱᛆᛙᛙᛁᛋᛐ

ᚢᚴᚴᚢᚯᛚᛋᚴᛆᛚᛁᚱᛁᛒᛚᚭᚧᛁᛒᚱᛆᚵᛙᛆᚱᛚᛆᚵᚢᚴᚭᛘᛁᛐᚭᚱᛒᚱᛁᚭᛋ

ᛐᛁᚵᚭᛐᛙᛆᚼᛁᛐᛐᚴᚡᛆᚧᚦᛆᚼᛆᛘᚧᛁᚱᛁᛙᛙᚼᚢᚵᚢᛘᛋᛐᚭᚱᛁᚾᛋᛐᛁᚱᛁᚯ

ᚱᛉᚢᚽᚱᛂᚴᚴᚱᛄᚴᚴᛆᚱᚱᛆᚱᚴᚡᛆᛉᚢᛒᚱᚾᚧᚱᛆᛋᛆᛉᛉᚾᚧᚱᛆᛁᚽᚽ
ᛆᚽᛒᛄᚱᚵᛆᚱᚦᛁᚽᚽᛆᚱᚠᚾᛐᚱᛋᛂᚱᚦᛁᚽᛆᚼᛀᚽᛑᚢᛉᛋᛂᚱᚦᚢᚦᛁᚽᚢᛉᛁ
ᛀᚱᛉᚢᚽᚱᛂᚴᚴᚱᛄᚱᛔᛁᛐᛁᛂᛚᛑᚼᛂᛁᛐᛆᚽᚦᛆᚼᚱᛆᚢᛐᚡᛁᚧᛁᚽᚽᚱᛂᚵᛁᚽᚴ
ᚢᚽᚽᚵᛁᛒᛆᛚᛑᚱᛁᚼᚱᛦᚽᛁᚢᛋᛂᛉᛒᛁᛀᚱᚽᚼᚱᛦᛐᛁᚵᚱᛦᛐᛁᚧᛂᚱᛆᚵᚢᛉ
ᚽᛆᛆᛚᛚᛋᚵᛂᛁᚱᛆᚱᚽᛂᛒᛁᛐᛆᛂᚵᚵᛁᛆᚱᚽᛂᛂᛆᚱᚽᛁᛄᚽᛆᚴᚱᛋᛋᛄᚽᚢᚼᛁᛐᛐ
ᚴᚡᛆᚧᚦᛆᚼᛆᛉᚧᛁᚱᛁᚽᚽᚼᚢᚵᚢᛉᛋᛐᛄᚱᛁᛒᛀᛚᚡᛆᚽᚽᛐᚢᛒᚱᛄᚧᛁᚱᛂ
ᚱᚦᚢᚦᛆᚽᚽᛒᛂᛚᚵᛚᛂᛦᛋᛐᛁᚱᛄᚠᛐᛄᚱᚦᛂᛁᛉᛒᛂᛚᚵᛒᛀᛚᛚᚱᛆᚧᚴᛄᛉᛆ
ᛋᛀᚱᛚᛁᚴᚡᛆᚧᚼᚢᚵᚼᛂᚠᚧᛁᚱᚦᚢᚼᛆᛉᚧᛁᚱᛂᚠᚦᚢᚼᛂᚠᚧᛁᚱᚼᛦᚵᚵ
ᛁᛆᚽᛑᛁᛉᛁᚴᛁᛚᛋᛂᚱᛆᛉᛆᚽᚽᚼᚡᛂᚱᚽᚡᛆᚽᛐᛂᚱᛉᛆᚽᚽᚡᛁᛐᛋᛂᚱᚼᛆᛉᚧᛁ
ᚱᚴᚡᛆᚧᛆᚠᚡᚾᚱᛁᚽᚢᚼᛀᚠᚢᚧᛂᚠᛂᚱᛔᚱᛚᛁᚠᚧᛁᛒᚱᛄᚧᛁᚱᛄᚴᚴᛆᚱ
ᚱᛁᚽᚽᛒᛀᚧᚠᚱᚾᚴᚽᛁᛂᚱᚡᛁᛐᛆᛒᚱᛆᚢᛐᚡᛆᚵᚢᛉᚡᛂᚱᚱᛁᚽᚽᚡᛁᚵᚠᚱ
ᚾᚴᚽᛁᚼᚡᛀᛐᛐᚢᛉᚴᛆᛐᛑᛁᛋᛁᚱᚵᚢᛉᛁᛁᚽᚽᚵᚢᚽᚽᚼᛂᛚᚵᛁᚵᛂᚱᚧᚢᛉᚴ
ᛆᛐᚡᛁᚵᛁᛋᛀᚱᛚᛁᚴᚡᛆᚧᛂᚴᚴᛁᚼᛦᚵᚵᛂᚴᛄᚴᚴᚱᚡᛂᚱᛆᚢᛚᚠᛆᛑᚾᛉ
ᛁᛆᛐᚡᛁᛐᛉᛦᚽᛁᛉᛋᛁᛆᛚᚠᛁᚱᛄᚠᛋᛆᚴᛆᛋᚴᛋᛂᛉᚵᚱᛂᛦᚽᛄᚱᚽᛆᚦᛆᛂ

ᚱᚵᚱᛆᚧᚢᚵᛂᚱᚢᛁᛆᚢᚧᚿᚭᚠᛆᛚᛁᚿᚠ̇ᛂᛚᚼᛡᚠᚢᛘᚠ̇ᛁᛐᚠ̇ᛂᚵᛁᛐᛋᛐᛡᚿ

ᛑᚢᛘᛆᚠ̇ᛆᛚᚵᚭᛐᚿᛆᚭᚠᛆᚿᛂᚵᚵᛘᚭᚧᚢᛘᛋᛂᛘᛂᚱᚿᛁᚱᛆᚴᚠ̇ᛁᛋᛐᛁᚵᚭ

ᚧᛋᚼᛡᚠᚢᛘᛐᛁᚱᛆᚱᚠᛂᚿᚵᛁᛐᚦᚭᛐᛐᛋᚴᛦᛚᛁᛘᚿᚢᛂᚧᛆᛁᚵᛅᚱᛐᛂᛂᛦᛁᛆ

ᚴᚠ̇ᛂᛚᛑᛚᛁᚠᛁᚱᛘᛆᚧᚱᛂᚴᚴᛁᛂᚠᛐᛁᚱᚴᚠ̇ᛁᚧᚿᚭᚱᚿᛆᚦᛆᚱᚠᛂᛚᛚᛋᛡᚱ

ᛚᛁᛆᛐᛋᛆᛚᛆᚱᚵᛆᚠᛚᛁᛂᚿᚿᚼᛆᛘᚧᛁᚱᚼᚿᛂᛆᛐᚼᚢᛋᛒᛆᚴᛁᚦᛂᛐᛐᛆᛂᚱᚢᚴ

ᛡᛚᛚᚢᚧᚼᛆᛘᚧᛁᛋᛋᛘᛆᛚᛁᚿᚠᚭᚱᚿᚢ

www.ingramcontent.com/pod-product-compliance
Lightning Source LLC
Chambersburg PA
CBHW041609260326
41914CB00012B/1438
9781951702205